Zu diesem Buch Geschworenengerichte, Parlamente, der Bürgerstand, Universitäten, Banken, das kapitalistische System – diese und andere Einrichtungen gehen auf eine Epoche zurück, die fälschlicherweise oft noch als öde und unfruchtbar angesehen wird, als tausendjährige Dämmerung zwischen dem klassischen Rom und dem glanzvollen Zeitalter der Renaissance. Dem angeblich so «finsteren» Mittelalter verdanken wir die Überlieferung der antiken Literatur und Philosophie. Scholaren – meist Mönche und Priester – waren die Pädagogen und Kulturträger des Mittelalters. Es war das Zeitalter der Ritter, die als Leitbild einer feudalen Welt den Beginn der Säkularisierung der Politik einleiteten. In der Dichtung des klassischen Mittelalters wurde der Ritter zum Symbol eines neuen Selbstbewußtseins, einer Tugendlehre, die die irdische Verantwortung des Menschen betonte. Und es war die Zeit der Kaiser, die der Merowinger, Karolinger, Kapetinger, Ottonen und Staufen.

Die überragende Kraft aber, die die Menschen des Mittelalters trotz aller politischer Zersplitterung miteinander verband – war der christliche Glaube. Keinen Kampf hat die Menschheit leidenschaftlicher ausgefochten als die Glaubenskriege. Von diesen «heiligen» Kriegen waren die Kreuzzüge des Mittelalters die blutigsten und längsten.

Dieses Buch zeichnet die politische und geistige Geschichte einer Epoche auf und ihren Weg vom Christlich-Feudalen zum Bürgerlich-Reformatorischen.

Die Autorin Anne Fremantle ist eine englische Journalistin französischer Herkunft. 1947 erwarb sie die amerikanische Staatsangehörigkeit. Seit 1955 ist sie Dozentin an der Fordham University. Sie gilt als hervorragende Kennerin und Interpretin des Mittelalters. Die meisten ihrer Veröffentlichungen als freie Journalistin behandeln deshalb auch Themen dieses Zeitalters.

Der beratende Mitarbeiter Leonard Krieger – ehemals Professor für Geschichte an der Yale-Universität – ist jetzt Professor an der Universität von Chicago.

Umschlagfoto Den höchsten Ausdruck romantischen Ritterwesens findet man in Erzählungen über König Artus und seine Tafelrunde. Der historische Artus war vermutlich ein einfacher, im 6. Jahrhundert lebender walisischer Heerführer. Die Artussage gipfelt in der Suche nach dem Heiligen Gral, der Schale, in der angeblich das Blut des gekreuzigten Jesus aufgefangen worden war. Auf dem Bild sieht man Galahad, einen der Artusritter, bei dem Gelübde, den Heiligen Gral zu suchen (italienische Illustration, 14. Jahrhundert).

kaiser, ritter und scholaren

Hohes und spätes Mittelalter

von Anne Fremantle
und der Redaktion der
TIME-LIFE-BÜCHER

Einführung von
Robert S. Lopez
Yale University

rororo
Rowohlt

Titel der Originalausgabe: ‹Age of Faith›
Aus dem Englischen übertragen von HOLLE KUSCHEL
Für die Taschenbuchausgabe eingerichtet und bearbeitet
von Jürgen Volbeding
Layout Hermann Becker
Umschlagentwurf Werner Rebhuhn

Veröffentlicht im Februar 1973 mit freundlicher Genehmigung
TIME-LIFE BOOKS, Time Inc., New York

Original English language published by Time Inc.
in the United States
Deutsche Taschenbuchausgabe:
Rowohlt Taschenbuch Verlag GmbH, Reinbek bei Hamburg
Satz: Alfred Utesch, Hamburg
Druck: Mühlmeister & Johler, Hamburg
Umschlagdruck und buchbinderische Verarbeitung:
Clausen & Bosse, Leck/Schleswig
Printed in Germany
ISBN 3 499 18034 0

Inhaltsverzeichnis

Einführung

Kirche und Reich gaben den europäischen Völkern im Mittelalter ein Gefühl der Einheit, während wiederum Feudalismus und städtische Autonomiebestrebungen deren Versuche zunichte machten, als Alleinherrscher die Vielzahl nationaler, regionaler und lokaler Manifestationen zu zerstören. Schließlich entwickelte sich Europa zu einem Mosaik verschiedenartig zusammengesetzter Strukturen, zu einem Gebilde, das der Eigeninitiative Raum ließ und nicht dem despotischen Willen eines einzigen Herrschers ausgesetzt war. Das machte Europa, das machte das Mittelalter groß.

Vor ungefähr tausend Jahren, als die Bevölkerung schneller und schneller wuchs, begann der erstaunliche Fortschritt des mittelalterlichen Europa. Einfallsreiche Menschen entwickelten bessere Ackerbaumethoden, bessere Werkzeuge und eine bessere Verteilung der Landbevölkerung. Der Handel ganz allgemein wurde die treibende Kraft in der wirtschaftlichen Entwicklung. Das Handwerk machte langsamere, aber bedeutende Fortschritte. Die Grundlagen des modernen Bankwesens, der allgemeinen Finanzwirtschaft und der Buchführung wurden gelegt.

Wirtschaft und Wissenschaft entwickelten sich, und beide ergänzten sich zu gegenseitigem Vorteil. Im Mittelalter lernte auch der gewöhnliche Bürger lesen und schreiben; Ärzte, Rechtsgelehrte und Philosophen wurden an den bekanntesten Universitäten ausgebildet; Händler und Prediger wagten sich bis nach China und ins tropische Afrika vor. Handwerker ermöglichten Gelehrten, auch im hohen Alter noch mit Hilfe von Gläsern zu lesen; Alkohol wurde gewonnen, um sie zu stimulieren. Die Sklaverei, die die Griechen und Römer und sogar noch die Geistlichen aus frühester Zeit als unerläßlich für die Existenz des freien Menschen angesehen hatten, verschwand fast gänzlich. Die Leibeigenschaft wurde in einigen Gebieten ebenfalls aufgehoben, in anderen gemildert. Die Bürger versuchten sich in der parlamentarischen Regierungsform und wagten, den Königen entgegenzutreten.

Anne Fremantle hat sich lange Zeit mit dem Christentum im Mittelalter beschäftigt und läßt mit bemerkenswertem Geschick und Wissen die wichtigsten Merkmale dieser Entwicklung hervortreten. Mit Vergnügen empfehle ich dem Leser ihre Darstellung dieses historischen Schauspiels.

Robert S. Lopez
Direktor des Instituts für mittelalterliche Forschungen,
Yale University

Im 13. Jahrhundert schrieb die Nonne Hildegard von Bingen ihre «Visionen» nieder, deren Inhalte typisch für die allgemeine symbolträchtige Frömmigkeit der meisten Menschen des Mittelalters waren. Abb.: «Das menschliche Wesen und seine Stellung im Kosmos».

S
X

1. Entstehung des Feudalwesens

Fast 500 Jahre sind vergangen, seitdem ein Abschnitt westlicher Geschichte, der als das Mittelalter bekannt ist, seinen Abschluß gefunden hat; dennoch «leben» seine Zeugnisse. Mancher Europäer zahlt noch heute seine Steuern in demselben Rathaus wie schon sein mittelalterlicher Vorfahr, stimmt in denselben Parlamentsgebäuden ab, kauft und verkauft auf denselben Marktplätzen, wechselt sein Geld in denselben Straßen, studiert in denselben Universitätsgemäuern, hört die alten Glocken schlagen und betet in den alten Kathedralen.

Eine Reise durch Europa. Ein Tourist, der eine Reise durch Europa macht, kann diese mittelalterlichen Prägungen überall entdecken. Er findet sie in den großen blauen und roten Glasfenstern von Chartres, in den mauerumgürteten Festungswerken von Carcassonne, in den Nürnberger Fachwerkhäusern, auf dem stolzen Bogen des Ponte Vecchio in Florenz. Zu Nottingham kann er sein Bier im «Trip to Jerusalem» trinken, einem Wirtshaus, in dem schon die Kreuzfahrer des 12. Jahrhunderts ihren Durst auf dem Wege in das Heilige Land löschten. In Santiago de Compostela nächtigt er vielleicht in einem Fremdenheim, welches Ferdinand und Isabella von Spanien gründeten, die auch die Entdeckungsfahrten des Kolumbus finanzierten. In Ypern schließlich kann er ein Volksfest mitfeiern, welches zuerst um 960 begangen wurde und in dessen Verlauf man vom Stadtturm Katzen – heute Stofftiere – herunterwarf, Symbol der Abkehr der Belgier von den heidnischen Göttern.

Parlamente und das kapitalistische System. Neben diesen Zeugnissen hat uns das Mittelalter zahlreiche Einrichtungen des täglichen Lebens hinterlassen, die immer noch von großer Bedeutung sind. Geschworenengerichte, Parlamente, Bürgerstand, Universitäten, Banken, das kapitalistische System und zahlreiche andere Einrichtungen haben ihre Wurzel in einer Zeit, die sehr oft noch fälschlich als öde und unfruchtbar angesehen wird, als tausendjährige Dämmerung zwischen der Größe Roms und dem glanzvollen Zeitalter der Renaissance.

Thronender Christus aus einer Evangelien-Handschrift, die im Auftrage Karls des Großen angefertigt wurde. Christus wird hier gezeigt mit der Segensgeste der erhobenen rechten Hand und der Heiligen Schrift in seiner Linken.

Die Bezeichnung Mittelalter — womit etwa der Zeitraum von der zweiten Hälfte des 5. Jahrhunderts bis zur ersten Hälfte des 15. Jahrhunderts gemeint ist — stellt einen Begriff dar, der dieser Zeit nachträglich von Menschen gegeben wurde, die erpicht darauf waren, den geistigen Fortschritt ihrer eigenen Zeit ins rechte Licht zu rücken. Diese etwas gönnerhafte Bezeichnung sollte zu verstehen geben, daß man nach einer langen Periode tiefer Dunkelheit zu der strahlenden Helle des klassischen Altertums zurückgefunden habe. Die moderne Geschichtswissenschaft hat diese Betrachtung des Mittelalters aufgegeben und anerkannt, daß das Mittelalter — neben manchem Schatten — auch zahlreiche schöpferische und geistvolle Elemente enthielt. Zu den großen Errungenschaften dieser Zeit gehören die polyphone Musik und der Kathedralenbau. Dantes Werke und diejenigen Boccaccios, Giottos und Fra Angelicos kündigten die Renaissance an. Zwar stand neben Dantes dichterischem Genius unmittelbar das Analphabetentum, und zu Füßen der aufragenden gotischen Türme duckten sich armselige Hütten. Aber in diesen Extremen lebte das Mittelalter. Korruption konnte gepaart sein mit Heiligkeit, Unwissenheit mit Gelehrsamkeit, Roheit stand neben Ritterlichkeit, und teuflische Folterwerkzeuge wurden ebenso erdacht wie Kunstwerke von höchstem Range.

Christlicher Glaube — verbindende Kraft. Das größte Paradoxon aber war absolute geistige Einheit neben politischer Zersplitterung. Fast nie ist das mittelalterliche Europa in den Genuß politischer Einheit gekommen. Königshäuser und Herrschergeschlechter lösten einander ab — Merowinger, Karolinger, Kapetinger, Ottonen, Hohenstaufen —; meist war ihre Macht kurzlebig, und ihre Rechte waren instabil. Von allen Herrschern dieser Zeit hat nur Karl der Große lange und kraftvoll genug regiert, um weite Gebiete des Kontinents zu einem einigermaßen homogenen Reich zu verschmelzen. An sich war dem mittelalterlichen Menschen eine Zentralgewalt kein Begriff. Seine Welt war begrenzt und örtlich gebunden. Er fühlte sich im wesentlichen seinem Lehnsherrn verantwortlich, er verstand nur die Sprache seiner Landschaft und stand in keiner Verbindung mit der Welt, die nicht zu seiner Nachbarschaft gehörte. Trotz dieser Isolierung aller von allen verband eine überragende Kraft die Menschen des Mittelalters miteinander: das war der christliche Glaube. Geistig war das mittelalterliche Europa trotz seiner staatlichen Zerrissenheit ein Gemeinwesen. Es bildete — unter der zentralen Oberhoheit des Papstes in Rom — eine Einheit, die *Respublica Christiana.* Dabei wurde diese Einheit zu allen Zeiten durch Streitigkeiten zwischen den Päpsten einerseits und den weltlichen Machthabern andererseits gefährdet. Dennoch durchdrang ihre Existenz alles mittelalterliche Leben. In ganz Europa gab es nur eine Kirche. Wer nicht in ihr getauft war, galt nicht als Mitglied der menschlichen Gesellschaft, der von ihr Ausgestoßene verlor den Schutz der Gesetze.

Ein Grabstein mit einem Kruzifix (Detail oben) wurde von dem dänischen König Harald über dem Grab seiner Eltern in Jelling (Dänemark) errichtet. Das Relief zeigt die früheste dänische Darstellung Christi und entstand im 10. Jahrhundert. Die Gestalt Christi im Stil eines heidnischen Idols bezeugt, wie stark die alten religiösen Vorstellungen noch immer neben den neuen lebendig waren.

Der Einfluß der Kirche auf das tägliche Leben der Menschen war ebenso groß wie ihr Einfluß auf die Gemüter. Viele Herrscher hatten Prälaten zur Seite. Karl dem Großen diente Alkuin, Edgar von England hatte seinen Dunstan, Karl der Kahle, König der Westfranken, seinen Scotus Erigena. Manchmal war der Inhaber des Thrones ebenso wenig gebildet wie sein ärmster Untertan. Um sich in den Stunden seiner Schlaflosigkeit im Alphabet zu üben, legte Karl der Große eine Schreibtafel unter sein Kopfkissen. Alkuin war ihm zugleich Lehrer und Ratgeber in den Geschäften seines Reiches, das sich von der Elbe bis an die Adria und von der Donau bis zu den Pyrenäen erstreckte.

Ihre Gelehrten versetzen die Kirche in die Lage, das Erbe der römischen Kultur zu bewahren und weiterzugeben. Die römischen Päpste waren in Rom geblieben, auch nachdem Rom von Konstantinopel als politischer Mittelpunkt des Reiches ausgeschaltet worden war. Die Kirche und deren Vertreter waren daher das einzige Bindeglied zwischen Gegenwart und dem klassischen Altertum. Eines der von ihnen vermittelten Vermächtnisse war die lateinische Sprache.

Das frühe Christentum betonte den Wert des einzelnen Menschen als Individuum. Jeder einzelne nahm in der mittelalterlichen Lebensordnung seinen festen Platz ein. Seine Pflichten und Verantwortlichkeiten auf der einen und seine Rechte auf der anderen Seite waren gewissenhaft abgegrenzt und verzeichnet in den zahlreichen Urkunden wie in den gutsherrlichen Chroniken in England, in den Rechnungsbüchern französischer Klöster und in den Annalen und Chroniken flämischer oder italienischer Städte. Aus diesen uns überlieferten Annalen haben wir aus erster Hand mehr über die einzigartigen Lebensformen des Mittelalters erfahren können als über irgendeine vorangegangene Epoche.

Vom Chaos zur Stabilisierung. Die zehn Jahrhunderte, die wir als das Mittelalter bezeichnen, lassen sich — im großen gesehen — in zwei Hälften teilen. Die erste Hälfte war eine Zeit, in der Chaos und dumpfes Hindämmern einander abwechselten, die zweite eine Periode wachsender Stabilisierung, sinnreicher Planung und erwachender Individualität. In diesen späteren Jahrhunderten wuchsen das römische Imperium und die Völkerschaften, die es überwältigt hatten, im Christentum zusammen. Nachdem die heidnischen Völker seßhaft geworden waren, entwickelten sie sich mit erstaunlicher Schnelligkeit zu lebensvollen Nationen, die reich an schöpferisch begabten Menschen waren. Polen, Dänemark, Ungarn sind frappante Beispiele dafür. Diese Länder wurden nach ihrer Christianisierung innerhalb von wenigen Jahrzehnten zu dynamischen Staatsgebilden.

Die Völkerwanderung. Zunächst waren die Germanen in nur kleinen Gruppen gekommen, die die Grenzlinie an Rhein und Donau überschritten, um in der Nachbarschaft der Außenbastionen des römischen Imperiums zu siedeln. Als dann die Gebiete, aus denen sie gekommen waren, von den hunnischen Stämmen Asiens unter Druck gesetzt wurden, fielen sie in Massen in das Römische Reich ein, raubend, plündernd und brennend, auf der Suche nach neuem Lebensraum. Zweimal — in den Jahren 410 und 455 — eroberten sie sogar Rom. Ebenso wie die Welt von heute das Erstarken der jungen afrikanischen Nationen spürt, wurde damals das Europa des römischen Imperiums mit dem Ansturm zahlreicher fremder Völker konfrontiert. Westgoten, Ostgoten, Franken, Alemannen, Burgunder, Jüten, Angeln, Sachsen und Lombarden eroberten im Laufe der Zeit den ganzen Westen — Italien, Gallien bis in den Norden Britanniens — und den Süden über Spanien bis Nordafrika. Nachdem sie zur Ruhe gekommen waren, besetzten andere aus Asien vordringende Stämme — die Awaren, Magyaren und Bulgaren — das östliche Europa.

Die germanischen Stämme hatten keineswegs die Absicht, die römische Kultur zu zerstören. Ihre ersten Vertreter waren in den kaiserlichen Legionen hochwillkommen gewesen und haben später sogar geholfen, die ihnen folgenden Eindringlinge zu bekämpfen. So hat mancher Germane es zum römischen Heerführer gebracht.

«Sie lügen, aber sie sind keusch . . .» Nicht selten erweckten die Barbaren widerwillige Bewunderung bei den Römern. So schreibt Salvianus (400—480), ein christlicher Schriftsteller des 5. Jahrhunderts: «Die Goten lügen, aber sie sind keusch; die Franken lügen, aber sie sind großzügig; die Sachsen sind unmenschlich grausam . . . aber bewundernswert in ihrer Enthaltsamkeit . . . Welche Hoffnung bleibt den Römern, wenn die Barbaren reiner sind als sie?»

Wie sich herausstellte, war die Hoffnung in der Tat gering. Obwohl Rom innerlich verfiel und zu schwach war, um äußerem Druck standzuhalten, dachte es, daß es ihm auch diesmal gelingen werde, die Eindringlinge allmählich in den römischen Staat zu integrieren. Statt dessen gewannen diese die Oberhand über Rom. Die Statthalter, die mit ihrem Gefolge von Technikern siegesgewohnt bis in die entlegensten Teile des Kontinents und nach Britannien auszuziehen pflegten, erschienen dort nicht mehr. Der Komfort und die Bequemlichkeit, die sie von Rom mitgebracht hatten — heiße Bäder, Zentralheizung, Kanalisationen, großzügige Wasserleitungen —, gerieten in Verfall. Überall in Europa erlosch das strahlende Licht römischer Zivilisation. Die folgenden Jahrhunderte werden daher oft als die dunklen Jahrhunderte bezeichnet — wie häufig eine unstatthafte Verallgemeinerung. Sicher ist, daß diese Zeiten verworren waren über einen Zeitraum von 500 Jahren.

Große Städte verfielen zu kleinen Provinznestern, kleine Städte wurden gänzlich verlassen. Aus den gepflasterten Straßen, dem Stolz des römischen

Nur etwa zehn Prozent der mittelalterlichen Bevölkerung lebte in Städten. Der größte Teil der Bevölkerung lebte als Landarbeiter oder Bauer auf den herrschaftlichen Gütern. Ein einfacher Bauer besaß gewöhnlich etwas Pachtland, ein grob gezimmertes Häuschen mit Strohdach und Lehmfußboden und war als Leibeigener seinem Herrn gegenüber sowohl zur Dienstleistung als auch zur Ablieferung ländlicher Produkte verpflichtet.

Ein Arbeitstag der leibeigenen Bauern des Mittelalters – heute würde man sie sicherlich als Tagelöhner bezeichnen – hatte durchschnittlich 12 bis 16 Arbeitsstunden. Die Abbildungen auf dieser und den folgenden Seiten sind dem Monatskalender eines flämischen Breviers entnommen und schildern das bäuerliche Leben um das Jahr 1515.

Die Abbildung oben zeigt die herbstliche Feldbestellung.

Imperiums, wurden unpassierbare Fahrrinnen. Wie tiefgreifend dieser Wandel war, geht aus zwei Schilderungen aus dem 3. und über das 6. Jahrhundert hervor.

Der Verfasser des früheren Berichts, Tertullian (160–220), ein glühender Verfechter des Christentums, hat vielleicht auch den Begriff des *medium aevum* («Zeit der Mitte») geprägt. Er hielt nämlich seine Zeit für eine bloße Übergangszeit vom klassischen zu einem neuen Zeitalter nach dem Sieg des Evangeliums. Er schrieb: «Herrliche Landgüter dehnen sich jetzt in verödeten Landstrichen, bestellte Felder sind an die Stelle von Wäldern getreten, Viehherden haben das wilde Getier vertrieben, Ödland ist eingesät und von Gesteinsbrocken befreit und Sümpfe sind urbar gemacht worden. Große Städte bilden sich in Gegenden, in denen früher kaum jemand wohnte. Überall herrscht eine dichte Bevölkerung; wir überfluten die Erde.»

Angst, Hunger und Krankheit. Wie Italien drei Jahrhunderte später aussah, erzählt der folgende Bericht von Paulus Diaconus, einem Historiker am Hofe Karls des Großen: «Die Herden standen verlassen auf den Fluren. Man traf auf Gutshäuser und ummauerte Plätze, angefüllt mit schweigenden Menschen. Die Welt scheint in die Lautlosigkeit ihrer Frühzeit zurückgefallen: keine Stimmen auf den Feldern, keine Hirtenflöte, die Ernten unberührt. Die menschlichen Behausungen waren zu Schlupfwinkeln für wilde Tiere geworden.»

Die Stille, von der Paulus hier spricht, war eine Stille der Angst. Hunger und Krankheit belauerten die Menschen. Verheerung des Landes durch Feinde drohte von allen Seiten und wurde oft Wirklichkeit. Gesetz und Ordnung, die Grundpfeiler des römischen Imperiums, waren zerbrochen. Dem einzelnen blieb nur die Hoffnung, daß sein Grundherr stark genug war, um die Feinde abzuwehren. Diese Tatsache formte auch das europäische Landschaftsbild. Die frühe mittelalterliche Siedlung bestand aus einer Ansammlung von Hütten in nächster Nähe des Herrenhauses. Zur Nachbarsiedlung führte nur ein enger Fahr- oder Gehweg.

Leibeigene. Für diese Sicherheit mußten die Menschen einen hohen Tribut zahlen. In früheren Zeiten hatten viele Bauern eigene kleine Felder oder provenzalische Weinterrassen bearbeitet. Jetzt waren diese wehrhaften freien Bauern fast alle verschwunden. Um den Schutz eines Herrn zu gewinnen, waren die Bauern zu Leibeigenen geworden und auf Lebenszeit an ihre Herren gebunden. Der Charakter dieser Leibeigenschaft variierte je nach der Menge des Ackerlandes, das ein Leibeigener halten durfte. Zuunterst standen die Kätner – vom Niederdeutschen *kote*, Kate –, die vielleicht drei bis vier Äcker zur Nutzung erhielten und als Gesinde im gutsherrlichen Hause dienen mußten. Die eigentliche Menge der Leibeigenen waren die Grundhörigen, die größere Ackerflächen bestellten und besondere Rechte innehatten, wie das Recht, Wasser aus dem Brunnen des Gutsherrn zu schöpfen und in seinen Wäldern Holz zu schlagen. Zum Ausgleich dafür mußten sie während bestimmter Wochentage auf den Feldern des Herrn arbeiten und ihn mit den Erzeugnissen ihrer Wirtschaft versorgen.

Eine Wirtschaft, die ausschließlich auf dem Ackerbau basiert, birgt auch in ihren besten Zeiten hohe Risiken. Gewaltig waren diese Risiken im frühen Mittelalter. Weite Gebiete waren noch Wildnis, weite Gebiete Sumpfland, vor allem im Norden. Zu viele mußten sich in noch nicht hinreichend kultiviertes Ackerland teilen. Es herrschte Hungersnot, und es gab niemanden, der etwas dagegen unternahm. Ganze königliche Hofhaltungen — König, Königin, Geistliche und Gefolge — zogen beständig — jeweils bis die vorhandenen Vorräte erschöpft waren — von einem Herrensitz zum anderen. Der Landbesitzer war zur Befriedigung seiner Nahrungsbedürfnisse häufig auf das Wild angewiesen, das in seinen Ländereien erlegt werden konnte, ein Hauptgrund, warum man bäuerliche Wilderer so scharf bestrafte. Unvermeidlich fielen deshalb die Lasten der strapazierten Gesellschaft auf ihr «Arbeitspferd», den Hörigen. Die Bürde war schwer, die Verpflichtungen hart. Von jedem Leibeigenen wurden die sogenannten Hand- und Spanndienste verlangt: Urbarmachung, Holzfällerei, Wegebau, Dungfahren; Arbeiten, die heute «Tagelöhner» verrichten. Ein normales Gehöft besaß 350 bis 1000 Hektar Land und etwa 24 Familien zur Bearbeitung. Der Leibeigene pflügte, säte und erntete und tat noch ein übriges, um seine Dankbarkeit für den gewährten Schutz zu beweisen.

Ein angelsächsischer Schriftsteller, Aelfric Grammaticus (955—1022), gibt einen Einblick in das Leben des Hörigen in seinem *Colloquium*: «Nun, Bauer, wie ist die Arbeit?» — «Ach, Herr, sie ist hart. Frühmorgens treibe ich die Ochsen aufs Feld und spanne sie ins Joch. Und wenn der Winter noch so streng ist, ich kann nicht im Haus bleiben, weil ich den Herrn fürchten muß. Nein, jeden Tag muß ich einen Acker pflügen oder mehr.» — «Hast du denn keinen Gehilfen?» — «Ich habe wohl einen Sohn, der die Ochsen mit dem Stock antreibt. Doch der ist heiser von der Kälte und dem vielen Rufen.» — «Nun, dann ist es wohl eine sehr schwere Arbeit?» — «Ja, wahrlich, es ist eine sehr schwere Arbeit.»

Mühe und Schweiß war das Los des Leibeigenen, und eine Vielzahl von Abgaben war ihm auferlegt. Der Herr konnte eine Kopfsteuer erheben, eine Einkommensteuer und besondere Vergütungen verlangen für die Benutzung

Auf den Feldwegen oder bei ihren Arbeiten im gutsherrlichen Garten konnten die leibeigenen Bauersleute oft das herrschaftliche, elegante Leben beobachten, das sie mit ihrer Arbeit erst ermöglichten: Gäste des Gutsherren bei einer Kahnpartie oder beim Ausritt auf die Jagd (Hintergrund).

Zum Schutze ihrer Herden zogen die Bauern in Gruppen in die Wälder und jagten die ihre Schaf- und Rinderherden gefährdenden Raubtiere.

Anfang Juni wuschen die Hirten ihre Schafe, und die Schafscherer schnitten unter der Aufsicht des Gutsverwalters die Wolle herunter. Jetzt galt es auch, überall das Unkraut zu jäten. Doch wartete man damit gerne recht lange, denn eine Bauernregel besagte, daß eine Distel, die vor dem 24. Juni gehackt wird, dreifach nachwächst.

seines Ofens, seiner Mühle und seiner Kelter. Manchenorts mußte der Leibeigene sogar zahlen für die Erlaubnis, eine Magd von einem anderen Hofe zu heiraten. Sein Herr war berechtigt, bei seinem Tod auch noch den armseligen Hausrat an sich zu nehmen, den der Leibeigene hinterließ.

«Stadtluft macht frei.» Dieser Knechtschaft konnte man zwar entkommen, aber nur unter großen Schwierigkeiten. Ein mittelalterlicher Spruch

Frauen und Kinder arbeiteten mit den Männern Hand in Hand. Die Ernte des Gutsherrn wurde vor der eigenen eingebracht. Kaum war das Heu Anfang August unter Dach und Fach, da war es auch schon Zeit für die Getreideernte.

besagt: «Stadtluft macht frei.» Ein Leibeigener konnte in die Stadt gehen und wurde frei, wenn er dort ein Jahr und einen Tag gelebt und die städtischen Abgaben aufgebracht hatte. Manchem war es auch möglich, sich direkt von seinem Herrn loszukaufen, denn die Adligen litten an chronischem Geldmangel. War ein Höriger also strebsam genug, um an Feiertagen zusätzlich auf seinem eigenen Land zu arbeiten, so konnte er seine Unabhängigkeit erringen: durch den Mehrerlös aus ländlichen Produkten – wie

Im Herbst wurde es Zeit, die Vorräte für den Winter aufzufüllen. Die Bauern ernteten Gemüse in ihren kleinen Gärten, pflückten Obst in den Obstgärten und machten von den ihnen zustehenden Rechten in den herrschaftlichen Wäldern Gebrauch; sie sammelten Feuerholz und lasen Eicheln und Bucheckern als Futter für die Schweine.

Dann mußte die eingebrachte Ernte weiterbearbeitet werden. Der Weizen wurde mit hölzernen Flegeln auf der Tenne gedroschen und verblasen, um die Körner vom Häcksel zu trennen. Im November schlugen die flämischen Bauern den Flachs mit den schweren «Flachsschwingen» (links), um die spinnbaren Fasern von den holzigen Bestandteilen der Stengel zu trennen. Die Weihnachtszeit war die bäuerliche Winterruhe.

Eiern, Honig, Hühnern und Schweinen –, die er neben den Abgaben an seinen Herrn erwirtschaftete.

«Gott hat dem Menschen drei Leben geschaffen, als Bauer, als Ritter oder als Pfaffen», lautete ein mittelalterlicher Vers, der als unverrückbare Lebensordnung galt und der den Bauern auferlegte, dem Klerus und dem Adel zu dienen. Die wenigsten stellten diese Ordnung in Frage.

Feudalismus. Den Pflichten der Bauern standen die Verpflichtungen gegenüber, welche die herrschenden Klassen zugunsten des Bauernstandes und untereinander zu erfüllen hatten. Der Geistliche war für die seelischen Bedürfnisse der Menschen da; der Adlige regierte und mußte für Sicherheit sorgen. Innerhalb der Aristokratie herrschte ein kompliziertes System wechselseitiger Rechte und Pflichten. Der Gedanke des *noblesse oblige,* «Adel verpflichtet», war in jenen Tagen tiefe Lebenswirklichkeit. Herr und Knecht lebten in der Wechselbeziehung der Gutsherrschaft, die Adligen untereinander in derjenigen der Lehnsherrschaft, gegründet auf das *feudum,* oder Lehen, das heißt auf eine Landverleihung von einem höhergestellten an einen niedriger rangierenden Adligen oder Vasallen gegen dessen Lehnseid und Dienste.

Eine Reihe von Umständen trug zur Entstehung des Feudalismus bei. Mit dem Nachlassen der früheren Bindungen durch Sitte und Familie begann die geographische Nachbarschaft an Bedeutung zuzunehmen. Man vereinigte sich mit seinem Nachbarn und bestand gemeinsam besser die Gefahren der feindlichen Überfälle. Der Austausch von Dienstleistungen war nur eine logische Folge der Tatsache, daß Europa infolge des Fehlens jeglichen Geldsystems überhaupt von Tauschhandel lebte. Die Lehnsbeziehung setzte einen Vertrag voraus, auf Grund dessen die Verpflichtungen beider Partner entstanden. Er wurde geschützt durch die Unverletzlichkeit des gegebenen Wortes und mit dem formellen Lehnseid besiegelt. Dabei legte der Vasall seine Hände in die seines Herrn und empfing einen Kuß auf den Mund. Der Lehnsherr stellte nicht nur das Land zur Verfügung und übernahm dessen Verteidigung gegen den Feind, sondern er sorgte auch für einen Gerichtshof zur Beilegung von Lehnsstreitigkeiten. Der Vasall seinerseits schwor seinem Herrn die Lehnstreue und Gefolgschaft auf Lebenszeit.

Dieser Vorgang hatte nichts Erniedrigendes. In der mittelalterlichen Hierarchie des Adels mit Freiherren, Baronen, Grafen und Herzögen, Königen und Kaisern hatte jeder Vasall wieder seine Vasallen. Einer der bedeutendsten Aristokraten des späten Mittelalters, der Graf von Champagne, zählte zahlreiche Adlige zu seinen Vasallen, während er selber Vasall des Abtes von St. Denis, des Erzbischofs von Reims, des Herzogs von Burgund, des französischen Königs und des deutschen Kaisers war.

Die Dienste eines Vasallen waren teils privatrechtlicher, teils geldlicher und teils militärischer Natur. Er saß mit dem Lehnsherrn zu Gericht und

Bezüge zum Lehnswesen weisen ein Siegel des 12. Jahrhunderts auf. Das Siegel zeigt einen Vasallen, der kniend seinem Herrn den Lehnseid leistet. Die ineinandergelegten Hände symbolisieren das Treuegelöbnis des Vasallen.

half bei der Rechtsprechung in Lehnsstreitigkeiten anderer Vasallen. Er mußte dem Lehnsherrn bei Übernahme des Lehens — im späteren Mittelalter auch bei einem Besitzwechsel der zu Lehen gegebenen Ländereien — eine Vergütung zahlen. Wenn sein Herr und dessen Gefolge im Lehensgebiet erschienen, mußte er sie gastfreundlich aufnehmen. Zuallererst aber schuldete er seinem Herrn Kriegsdienste und mußte auf Anforderung mit einer kampffähigen Truppe im Felde antreten. Diese Kriegerschar, die er aus seinen Vasallen und Untergebenen zusammenstellte, hatte er selbst mit Pferden zu versorgen und mit Waffen auszurüsten. Ihre Zahl richtete sich nach der Größe und Ertragsfähigkeit seines Lehens. Jeder seiner Vasallen brachte wiederum seine eigenen Krieger mit. Diese Kriegspflicht war der Kern des feudalen Systems; der Reiter — französisch *chevalier,* Mann zu Pferde — war seine Hauptstütze.

Die Struktur des feudalen Systems wurde sichtbar nach einer siebentägigen Schlacht, die im Oktober 732 im westlichen Mittelfrankreich bei Poitiers geschlagen wurde. Hier besiegten die jüngst zum Christentum bekehrten Franken die anstürmenden Araber. Die Franken kämpften dabei durchweg zu Fuß, die Araber sämtlich beritten. Daß die Franken dennoch siegten, verdankten sie der Unerschütterlichkeit ihrer Schlachtreihen. Die Kampfart der Araber bot alle Vorteile größerer Beweglichkeit, und ihre Erfindung von Steigbügeln ermöglichte es ihnen, stehend ungehindert vom Pferde herunter zu kämpfen. Karl Martell (689–741), der Frankenführer, lernte hieraus. Er verlangte, daß alle Krieger, die seinen Schutz in Anspruch nehmen wollten, sich fortan mit Waffen, Pferden und Steigbügeln ausrüsten mußten. Für solchen Aufwand brauchten die Ritter Einkünfte. Martell suchte sie ihnen zu verschaffen, indem er Kirchengüter mit Beschlag belegte und unter seine Kriegsleute aufteilte. Diese Anordnungen Martells waren theoretisch richtig, praktisch aber ein Mißerfolg, denn nur wenige kamen ihnen nach.

Poitiers wurde auch noch in anderer Beziehung zu einem Wendepunkt. Nie wieder sollten die Heerscharen des Islams so tief in Europa eindringen. Zwar hielten sie noch lange die südlichen Teile Europas unter ihrer Herrschaft – sie hatten in Spanien, in Unteritalien und auf vielen Mittelmeerinseln festen Fuß gefaßt –, aber das Zentrum Europas war nicht mehr durch sie bedroht.

Dagegen blieben Bedrohungen von anderer Seite bestehen. Mit Poitiers endete noch keineswegs die allgemeine Völkerbewegung, die diese frühen Jahrhunderte des Mittelalters kennzeichnet. Dennoch begann eine gewisse Stabilisierung sich abzuzeichnen. Karl dem Großen, dem Enkel Karl Martells, war es bestimmt, in den fünf grandiosen Jahrzehnten seiner Herrschaft den Grundstein hierfür zu legen. Zu allen Zeiten wäre Karl der Große (742–814) ein bemerkenswerter Herrscher gewesen; für seine Zeit war er von einzigartiger Bedeutung.

Karl der Große. Er war groß und blond, mit einer starken Nase, lebhaften Augen und einer kräftigen Stimme. Sein Hals war zu kurz und sein Bauch zu umfangreich – wie sein Sekretär Einhard freimütig berichtet –, aber diese Mängel seiner Erscheinung wurden durch seine aufrechte Haltung wieder wettgemacht. Das Schwert ständig an der Seite, zeigte er sich in einer silbergeränderten Tunika, einer Bundhose, einer Weste aus Zobelfell und einem blauen Umhang. Er unterzog sich ständig körperlichen Übungen und liebte

Bronzestatuette Karls des Großen. Kaiser Karl der Große (742–814) war der erste christliche Herrscher, der – nach römischem Vorbild – zu Pferde dargestellt wurde. Man nimmt an, daß dieser Bronzeguß des 9. Jahrhunderts die Statue Marc Aurels auf dem Kapitol zum Vorbild hat.

Ein meist in der Kirche verwahrtes Bronzegefäß diente als Maß bei der Abgabe des «Zehnten», den die Bauern ihren Lehnsherren in Form von Getreide zu zahlen hatten. Die Füße dieses Gefäßes aus Frankreich sind als Drachenköpfe ausgebildet; drei Reliefbänder umsäumen es mit Darstellungen eines bäuerlichen Tanzes, einer Falkenjagd und einer umlaufenden langen Blattranke.

— ebenso wie seine rauhen Edelleute — Reiten, Jagd und Gelage. Pomp und Festlichkeiten und der Umgang mit Frauen — er hatte im Laufe seines Lebens fünf legitime Ehefrauen und zahlreiche Konkubinen — erfreuten ihn.

Karl der Große war aber nicht nur ein Mann der Lebensgenüsse, sondern auch eine Persönlichkeit voller Weitsicht und Unternehmungsgeist. Sein Ziel war nicht mehr und nicht weniger als die Wiederherstellung des römischen Imperiums in seiner alten Machtvollkommenheit und der Fülle seines früheren Glanzes. Und er hatte Erfolg. Von seiner Königskrönung, im Jahre 768, bis zu seinem Tode, im Jahre 814, war es ihm gelungen, das ganze westliche Europa außer England, Skandinavien, Unteritalien und dem islamischen Spanien in seine Hand zu bringen. Am 1. Weihnachtsfeiertag des

Jahres 800 wurde er in der Peterskirche zu Rom zum Kaiser des neuen Römischen Reiches gekrönt.

Nur wenige historische Ereignisse haben die Entwicklung Europas so nachhaltig beeinflußt. Denn obwohl das Reich unter den kraftlosen Erben Karls des Großen wieder zerfiel, lebte es – rund 150 Jahre nach dem Tode Karls des Großen – unter dem mächtigen deutschen Herrscher Otto I. (912–973) als das Heilige Römische Reich Deutscher Nation wieder auf und umfaßte nunmehr Deutschland und Oberitalien, allerdings ohne Frankreich. Bis in das 13. Jahrhundert gedieh es als ein wirkliches Staatsgefüge, erst am Anfang des 19. Jahrhunderts (1806) brach die ausgehöhlte Form auseinander. Voltaire spöttelte, es sei weder heilig noch römisch, noch trage es die Züge eines Imperiums. Seine Grenzen schrumpften, dennoch warf es bis in die Tage seines Untergangs seinen Schatten auf die politische Karte Europas.

Die Kaiserkrönung Karls des Großen hatte noch eine weitere, ebenso wichtige Folge. Sie bildete den Beginn des Streites zwischen Kirche und Staat, zwischen Papsttum und Kaisermacht. Sein Beginn zeichnete sich bereits in den Vorgängen bei der Krönung Karls des Großen ab. Wie sein unermüdlicher Chronist Einhard (770–840) berichtet, war Karl der Große nur zum Weihnachtsgottesdienst in den Petersdom gekommen. Als er sich vom Gebet erhob, setzte Papst Leo III. ihm unversehens eine Krone auf und grüßte ihn, unter dem Beifall der hinzudrängenden Neugierigen, als Carolus Augustus. Karl der Große, der die Absicht gehabt hatte, sich zu einem ihm günstig erscheinenden Zeitpunkt selbst zum Kaiser zu krönen, sah sich zu seinem höchsten Mißfallen überspielt. Hätte der Herrscher dies vorausgesehen, so würde er, wie Einhard versichert, «die Kirche nicht betreten haben, so bedeutend der Festtag auch war».

Karls Vermächtnis. Karl der Große hinterließ den ihm folgenden Generationen ein Vermächtnis von höchster Bedeutung. Wenn es auch im politischen und religiösen Bereich noch ungelöste Schwierigkeiten gab, so war doch der Grundstock für eine weitere Entwicklung von Kultur und Zivilisation gelegt. Karl der Große förderte die Bildung. Die von ihm gegründeten Schulen, unter der Leitung seines vertrauten Beraters Alkuin (730–804), pflegten die Verbreitung des wissenschaftlichen Studiums, was schließlich zur Einrichtung der Universitäten geführt hat.

Er war ein Mäzen der Künste. Die nach ihm benannte Karolingische Renaissance läßt die große Welle höchstrangiger Kunstwerke der romanischen und gotischen Architektur und Bildhauerei vorausahnen.

Sein Interesse erstreckte sich auf die alltäglichsten Angelegenheiten. So soll er im Ackerbau die Dreifelderwirtschaft weiterentwickelt haben, die in Verbindung mit der Verwendung einer tiefergreifenden Pflugschar und mit dem Ausbau des Dränagesystems die Nahrungsmittelerzeugung beträchtlich steigerte. Bei dieser neuen Bebauungsmethode wurde das Land in drei Teile geteilt: der erste Acker erhielt Wintergetreidesaat, der zweite im Frühjahr Gemüse, der dritte Teil lag brach. Im folgenden Herbst kam Wintersaat in das Brachland, der Getreideacker wurde im Frühjahr mit Gemüse bestellt, das Gemüseland blieb liegen, damit die Pflanzenreste dem Boden Stickstoff zuführen konnten. Erbsen und Bohnen waren ein Hauptbestandteil des mittelalterlichen Speisezettels bei arm und reich, und ein aus England stammender Reim sagt: «Erbsbrei warm, Erbsbrei kalt, Erbsbrei frisch, Erbsbrei alt, immer findst du ihn im Topf beim Ritter und beim ärmsten Tropf.»

Die lange Regierungszeit Karls des Großen hellte die dunkle Seite des Mittelalters auf, obgleich gesagt werden muß, daß eine Besserung der Zustände – wie immer in der Geschichte der Zivilisation – sich nur ganz allmählich abzuzeichnen begann. Im 9. Jahrhundert, nach dem Tode des Kaisers, mußte Europa mit einem neuen Völkeransturm fertig werden, diesmal vor allem mit den Wikingern. Gegen diese Nordländer galt es neue und bessere Befestigungen zu ersinnen. Europa erhielt langsam das Aussehen, welches sich noch heute mit dem Begriff «mittelalterlich» verbindet.

Vom Holzhaus zur Festung. Um Städte und Klöster wuchsen dicke Mauern empor. Befestigte Burgen wurden gebaut, die sich im 12. Jahrhundert in mächtige steinerne Festungen mit Wehrtürmen, Zugbrücken und Fallgittern verwandelten. Ehe man jedoch mit Steinquadern in solchen Massen arbeitete, sahen die Befestigungen eher so aus wie die Forts im amerikanischen Westen: ein Geviert mit hölzernen Blockhäusern in strategisch günstiger Lage auf einem Hügel, an einem felsigen Abhang oder in einer Flußbiegung. Je mehr Bauern begannen, sich im Schutze dieser Befestigungen niederzulassen, um so mehr wurden die Burgen zum Mittelpunkt der sich entwickelnden mittelalterlichen Siedlungen und des Gemeindewesens. Innerhalb der Burgmauern spielte sich lärmend das tägliche Leben ab. Schmiede schärften und glätteten Schwerter oder beschlugen Pferde, Bogenschützen übten sich. Reitknechte ritten Pferde zu und pflegten die kranken Tiere, andere Burgbewohner versorgten das Vieh, Schreiner zimmerten und flickten Bänke, die neben den großen Bettgestellen die einzigen Möbelstücke der Burg waren. Hunde, Pferde, Jagdfalken, Vieh und Menschen verursachten ständig einen unglaublichen Spektakel.

Die Folter war üblich. Nicht selten mischten sich darin auch Schmerzensschreie, denn ganz im Gegensatz zu romantischer Vorstellung war das mittelalterliche Leben vielfach roh und unmenschlich. Jede noch so kleine Burg besaß ein Verlies. Die Strafen waren primitiv und grausam. Gefangene wurden geschlagen, gebrandmarkt und durch Augenausstechen oder Abschlagen der Hände verstümmelt. Die Folter war üblich. Sie wurde im Laufe der Zeit immer ausgeklügelter. Man fand die Wahrheit durch Feuer- oder Wasserproben. Ein Beschuldigter, der nicht in dem Wasser versank, in das man ihn geworfen hatte, galt als schuldig. Der Gewitzte stieß aber die Luft aus, ließ sich sinken und hoffte auf Rettung, ehe es zu spät war. Zwei Widersachern konnte der «gerichtliche Zweikampf» auferlegt werden. Sie mußten dabei mit Holzschild und scharfer Lanze so lange fechten, bis einer erschöpft war und aufgab. Er war dann der Schuldige und wurde meist sogleich gehängt.

Für einen Menschen mit Interessen, die jenseits des Gebrauches von Körperkräften lagen, gab es nur einen Ausweg: das Kloster. Als immer mehr Menschen diesen Weg einschlugen, hatte dies seine Wirkung auch für die übrigen. Die Kirche, bislang die größte geistige Macht im mittelalterlichen Europa, sollte dadurch, daß so viele ihr Leben in ihren Dienst stellten, auch eine beträchtliche weltliche Macht gewinnen.

2. Kirche und Staat

Zu Beginn der Völkerwanderung war das Christentum erst vier Jahrhunderte alt, und während mehr als der Hälfte dieser Zeit war es nichts anderes als eine verfolgte Sekte gewesen. Dennoch hatte die Kirche es verstanden, sich inmitten all dieser Gefahren «ihr festes Haus zu erbauen» und es widerstandsfähig gegen Gewalt zu machen.

In den folgenden Jahrhunderten entwickelte die Kirche ein festumrissenes Ordnungssystem und eine Hierarchie des Klerus. Die Grundeinheit bildete die von einem Bischof geleitete Diözese. Der Bischof hatte seinen Sitz in einer Stadt, ihm assistierten Diakone, die die Kranken und Armen versorgten. In den Landgemeinden der Diözese wurden die kirchlichen Angelegenheiten von Priestern wahrgenommen.

Nachdem das römische Imperium im Jahre 380 das Christentum zur Staatsreligion erhoben hatte, verfeinerte sich die Struktur der Kirche. Die Bischöfe in den Hauptstädten der Provinzen des Reiches wurden zu Erzbischöfen ernannt, diejenigen in den Metropolen des Imperiums – in Rom, Konstantinopel, Antiochia, Jerusalem und Alexandria – zu Patriarchen. Der ranghöchste Patriarch war der von Rom, da er sein Amt als Nachfolger des ersten römischen Bischofs, des Apostels Petrus, innehatte, zu dem – nach den Worten der Schrift – Christus also gesprochen hatte: «Und ich sage dir: Du bist Petrus, und auf diesen Felsen will ich bauen eine Gemeinde, und die Pforten der Hölle sollen sie nicht überwältigen. Und ich will dir des Himmelreichs Schlüssel geben: alles, was du auf Erden binden wirst, soll auch im Himmel gebunden sein, und alles, was du auf Erden lösen wirst, soll auch im Himmel los sein.»

Indessen waren die anderen Patriarchen zwar bereit, dem Patriarchen von Rom besondere Achtung zu zollen, nicht aber seine Oberhoheit anzuerkennen. Nachdem die politische Führung des Römischen Reiches auf Konstantinopel übergegangen war – hauptsächlich ein Rückzug in eine bessere Verteidigungslinie gegenüber dem Ansturm fremder Völkerschaften im Westen –, folgerte der oströmische Klerus, daß dem Patriarchen von Konstantinopel der gleiche kirchliche Rang gebühre wie dem Patriarchen von Rom. Doch begegnete eine entsprechende, dem Konzil zu Chalkedon im Jahre 451 vor-

Die «Goldene Madonna» des Essener Münsters stammt aus dem 10. Jahrhundert. Das Werk ist aus Goldblech über einem hölzernen Kern getrieben. Der Apfel in der Hand der Madonna ist das Symbol des Sündenfalles und der Erlösung zugleich.

gelegte Deklaration dem entschiedenen Widerspruch des römischen Patriarchen Leo I., der an dem Vorrang seiner Stellung festhielt.

Leo I. († 461) führte damals nicht als einziger den Titel Papst, da diese Bezeichnung — lateinisch *papa,* Vater — auch anderen Bischöfen und sogar Priestern beigegeben war. Mehrere Jahrhunderte lang hatte der römische Pontifex keinen Ausschließlichkeitsanspruch auf diesen Titel. Doch proklamierte bereits Leo der Große mit Nachdruck das päpstliche Supremat. Sein Hinweis auf die Nachfolge Petri — in ununterbrochener Reihe der Bischöfe Roms von Petrus bis auf ihn selber — lieferte die Basis für die spätere Beanspruchung absoluter päpstlicher Unfehlbarkeit in Fragen des Glaubens und der Moral. Die Proklamation von Chalkedon war noch in anderer Hinsicht schicksalhaft. Zunehmend vertiefte sich nämlich die Spaltung zwischen dem östlichen, griechisch sprechenden Teil der Kirche und ihrem westlichen, lateinisch sprechenden Teil, geradeso wie zwischen der östlichen und der westlichen Hälfte des Imperiums selber.

Die katholische Doktrin und Ketzer. Die Erhebung des Christentums zur Staatsreligion hatte ebensowohl äußere wie innere Folgen. Schon als unterdrückte Minderheit hatten die Christen ihren Glauben als *katholisch,* allumfassend, angesehen; viele von ihnen behaupteten, daß alle außerhalb der christlichen Gemeinschaft Stehenden das ewige Heil nicht erlangen würden. Die staatliche Anerkennung der Kirche bot die beste Gelegenheit, alle diejenigen zu entmutigen, die an dieser katholischen Doktrin etwas auszusetzen fanden. Durch kaiserlichen Erlaß wurden sie zu Häretikern (Ketzern) gestempelt. Ihre Zusammenkünfte wurden gesprengt, Bücher über ihre Lehren verbrannt, ihre Vermögen beschlagnahmt. Immer häufiger tötete man diejenigen, die ihren alten Glaubensvorstellungen nicht abschwören wollten.

Kaiserliche Edikte vergrößerten die Macht der Kirche auch noch auf andere Art und Weise. Das Kirchengut und der Klerus wurden von Steuern befreit. Wegen geringer Vergehen brauchten sich kirchliche Würdenträger nur vor der Kirche zu verantworten anstatt vor den öffentlichen Gerichten. Eines der folgenreichsten Dekrete gestattete der Kirche, Vermächtnisse von Geld und Gut entgegenzunehmen. Dieser Erlaß leitete, verbunden mit der kaiserlichen Gepflogenheit, große Basiliken als Orte eines würdigen Gottesdienstes zu stiften, eine Tradition ein, die das römische Imperium lange überlebte. Seitdem ließen es sich Könige und Adlige in ganz Europa zur Ehre gereichen, der Kirche einen Teil ihres irdischen Besitzes zu schenken und zu vermachen. Kirchen und Klöster wurden wohlhabend. In späteren Jahrhunderten überstiegen ihre Einkünfte aus Grundbesitz die staatlichen Einkünfte jedes europäischen Landes.

Zur Zeit der Völkerwanderung des 5. Jahrhunderts war die Kirche bereits stark genug, um dem Ansturm standzuhalten, vor allem in ihrem Bollwerk

Rom. Die römischen Bischöfe hatten das Machtvakuum, das durch den Auszug der kaiserlichen Hofhaltung und Verwaltung nach Konstantinopel entstanden war, ausgefüllt. Sie übernahmen die Kontrolle so weltlicher Angelegenheiten wie die Wahl städtischer Beamter und die Verteilung öffentlicher Gelder. Dieser Führungsrolle blieben sie auch im Angesicht der feindlichen Invasion treu. Leo der Große zog höchstpersönlich vor die Tore Roms, trat Attila, dem gefürchteten Hunnenkönig, gegenüber, und bewegte ihn zur Verschonung der Stadt.

Überall in Europa, wo die barbarische Herrschaft Wurzel faßte, verließen sich die neuen Herrscher nach und nach immer stärker auf die hilfreichen Ratschläge des Klerus. Als erfahrene Verwaltungsfachleute und als Bewahrer des Wissens und der Erkenntnisse der Vergangenheit gaben diese Männer Europa den Antrieb für seinen allmählichen Aufstieg aus dem Chaos. Allen voran gingen die Mönche, die sich angesichts des Verfalls der alten Werte und Wahrheiten stark genug fühlten, dem Chaos zu begegnen, zunächst in ihrem Privatleben und alsdann auch in ihrer Umwelt.

Benedikt von Nursia. Eine Persönlichkeit vor allem prägte die Form westlichen Klosterlebens: Benedikt von Nursia (um 480–550), ein italienischer Patriziersohn. Er kam um 480 in der Nähe von Spoleto zur Welt und wurde zur Erziehung nach Rom geschickt. Obwohl er damals knapp zwölf Jahre zählte – er war noch in Begleitung einer Kinderfrau –, begriff er bald das Ausmaß der Dekadenz und des moralischen Verfalls der Stadt. Mit 20 Jahren verließ er diese Umgebung und zog sich in eine einsame Höhle auf einem Felsen in der Wildnis südlich von Rom zurück. Diese Gegend war früher ein Lieblingsort des Tyrannen Nero gewesen. Ein Palast, den dieser erbaut hatte, war überwuchert von Gesträuch. Benedikt lebte drei Jahre in dieser Einsamkeit, am Orte vergangener ungezügelter Ausschweifungen. Er trug das rauhe Gewand jener Büßer, die das Fleisch abzutöten suchen. Seine Nahrung bestand aus Brot, welches ihm ein Freund täglich in einem Korb am Felsen hinabließ.

Nach einiger Zeit überdachte Benedikt den Wert dieser Einsamkeit und Selbstkasteiung. In späteren Jahren ließ er einem Einsiedler, der sich selbst an einen Felsen geschmiedet hatte, folgende Botschaft zukommen: «Ein getreuer Diener des Herrn ist nicht durch Eisen an Felsen geschmiedet, sondern durch Christus an ein rechtschaffenes Leben.» Benedikt war zu der Überzeugung gelangt, daß im Zusammenleben und in harter Arbeit mehr Konstruktives geleistet werden konnte als beim Dahinleben in einsamer Frömmigkeit. Im Jahre 529 gründete er auf den Höhen des Monte Cassino nördlich von Neapel ein Kloster, um seine Ideen in die Tat umzusetzen.

Klöster und Mönchtum. Benedikt stellte für sein Kloster umfassende Regeln auf. Das Kloster mußte sich selbst unterhalten und verwalten. Armut

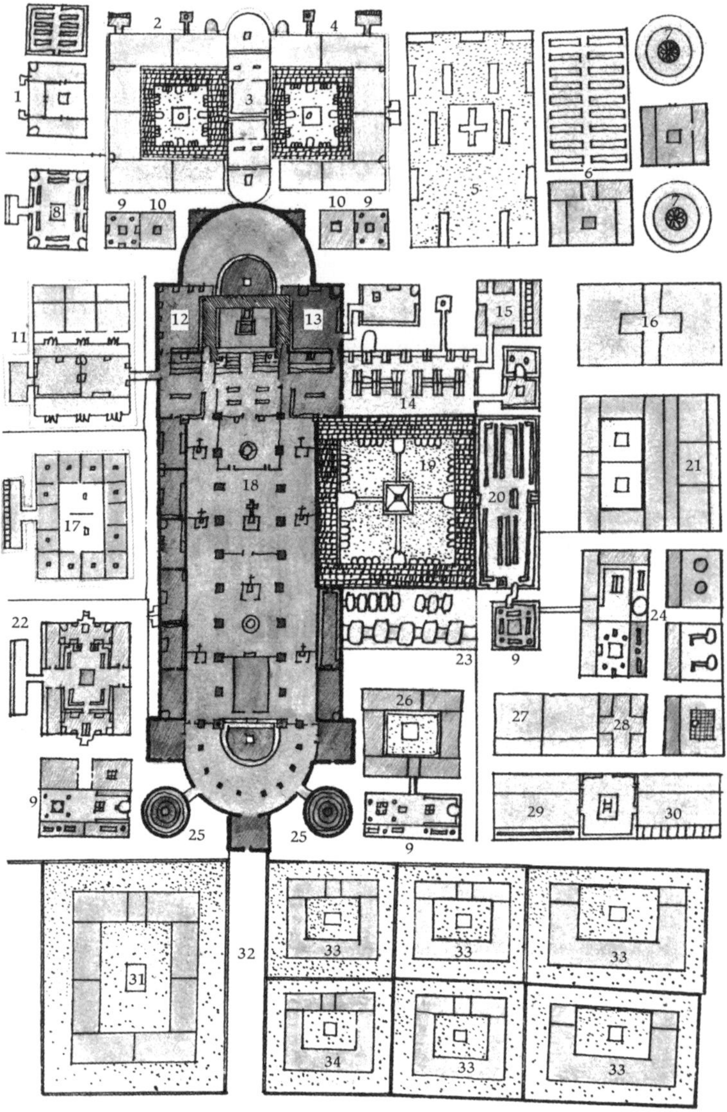

Ein ideales Kloster – wie es der Sankt Gallener Klosterplan des 9. Jahrhunderts zeigt – war eine wohlorganisierte Arbeitsgemeinschaft mit der Kirche als Zentrum. Nicht alle Klosteranlagen waren so umfangreich wie das Sankt Gallener.

und Keuschheit kennzeichneten die klösterliche Lebensweise. Das Oberhaupt, der Abt, wurde von den Mönchen gewählt. Jeder, der Mönch werden wollte, mußte die Gelübde des Gehorsams, der «Abkehr» vom weltlichen Leben und der Beständigkeit ablegen, die ihn für sein ganzes Leben an das Kloster banden. Seine Tage waren aufgeteilt in Gebet, Schlaf und geistige und körperliche Arbeit – Lesen, Lehren, Hausarbeit, Landarbeit. Es war streng untersagt, die Gesundheit durch übermäßiges Fasten aufs Spiel zu setzen. Die benediktinische Lebensweise war maßvoll und bescheiden.

Die Ordensregel des heiligen Benedikt war so gut durchdacht, daß sie seither allen westlichen Klostergemeinschaften als Vorbild diente. Und im Laufe der Zeit begann man, die nach einer Ordensregel lebenden Mönche als Ordensgeistliche zu bezeichnen, im Gegensatz zu den weltlichen Geistlichen, die im *saeculum*, in der Welt, lebten.

In der zweiten Hälfte des Mittelalters kam es zu einer weiteren Verbreitung des Mönchtums und zur Errichtung neuer Orden, jeweils mit speziellem Charakter. Die Cluniazenser zogen gegen die wachsende Korruption und Laxheit der Kirche zu Felde. Die Kamaldulenser, Karthäuser und Zisterzienser ließen – in unterschiedlichem Maße – die Gebräuche des frühen Christentums mit einem enthaltsamen Leben an entlegenen Orten wiederaufleben. Die Franziskaner – gegründet von dem adlig geborenen Franz von Assisi (1181–1226) – und die Dominikaner wurden Bettelmönche und predigten unter dem Volk, anstatt sich in Klöstern zu verschließen. Bis zum Erscheinen des ersten dieser neuen Orden – der Cluniazenser im 10. Jahrhundert – bildeten die Benediktiner die Hauptstoßkraft mönchischen Lebens.

Von Monte Cassino gingen Hunderte benediktinischer Gründungen aus. Ihr Einfluß auf das erschütterte und erschöpfte Europa war unermeßlich. Die Kornfelder, Gärten, Obstgärten und Fischteiche der Klöster wurden zu

1. *Arzthaus*
2. *Spital*
3. *Kapelle*
4. *Noviziat*
5. *Friedhof*
6. *Gärtnerei*
7. *Geflügelhof*
8. *Haus für Aderlässe*
9. *Küchen*
10. *Bäder*
11. *Abtwohnung*
12. *Schreibstube und Bibliothek*
13. *Sakristei*
14. *Aufenthaltsraum und Schlafsaal der Mönche*
15. *Latrine*
16. *Scheune*
17. *Schule*
18. *Abteikirche*
19. *Kreuzgang*
20. *Refektorium*
21. *Werkstätten der Handwerker*
22. *Gästehaus*
23. *Vorratskeller*
24. *Bäckerei, Brauerei, Mühle, Kelterei*
25. *Türme*
26. *Pilgerherberge*
27. *Küferei*
28. *Kornspeicher*
29. *Pferdestall*
30. *Kuhstall*
31. *vermutlich Herberge*
32. *Eingang*
33. *Viehställe*
34. *Gesinde*

Versuchsanstalten neuer landwirtschaftlicher Verfahren. In ihren Bibliotheken sammelten sich die Manuskripte, die der Verheerung der Völkerwanderungszeit entgangen waren. In ihren Schreibstuben kopierten die Mönche die Werke Virgils, Ovids, Cäsars und Ciceros und lateinische Übersetzungen der Griechen und machten sie so zum Dauerbesitz für die ganze Welt. Die Mönche webten auch ihre Gewänder selbst, kelterten ihren Wein und waren ihre eigenen Maurer und Zimmerleute. Sie vermittelten diese nützlichen Künste den Menschen der umliegenden Landstriche. In den Hospitälern der Klöster wurden Kranke und Sterbende gepflegt. Die Lernbegierigen wurden in Klosterschulen unterrichtet. Die Reisenden konnten in den klösterlichen Herbergen übernachten und entgingen so oft der Gefahr, von Wegelagerern überfallen zu werden.

Viele, die im Vorübergehen die gelassene Heiterkeit und relative Sicherheit des Klosterlebens erblickten, fanden es unwiderstehlich. Unter denen, die sich der klösterlichen Gesellschaft anschlossen, waren Ausgestoßene der Gesellschaft, die Frieden suchten, Müßiggänger, die einen bequemen Unterschlupf erhofften, und Männer, denen der Sinn nicht nach dem Soldatenleben und der rauhen Wirklichkeit stand. Es waren unter ihnen aber auch Männer, die in Ruhe lernen und schreiben wollten, und seit Beginn des Christentums solche, die nur von der Sehnsucht nach dem Glück der *vita contemplativa* getrieben waren. Die benediktinische Disziplin prägte ihre Anhänger stark, so daß die Kirche im Laufe der Zeit aus ihren Reihen einige tausend Bischöfe und Erzbischöfe und 24 Päpste gewann. Der erste Mönch, der im Jahre 590 zum Papst gewählt wurde, war Gregor der Große (540–604), einer der ersten Anhänger des heiligen Benedikt und wie dieser aus reichem italienischen Adelsgeschlecht.

Missionare. Auch als Papst verlor Gregor eines der Hauptanliegen der Benediktiner nicht aus den Augen: die Bekehrung der Heiden. Die Legende behauptet, daß er immerfort das Bild einiger blonder Knaben aus Britannien vor Augen hatte, deren Verkauf er auf dem römischen Sklavenmarkt miterlebt hatte. Hätten sie nur den rechten Glauben, so soll er gesagt haben, so wären sie nicht «Angeln, sondern Engel» gewesen. Er hatte vergeblich die Erlaubnis erbeten, selbst eine Missionsreise nach Britannien unternehmen zu dürfen. Nun, mit päpstlichen Vollmachten ausgestattet, setzte er

Gregor der Große (540–604) bei der Aufzeichnung der Inspirationen des Heiligen Geistes, der hier in Gestalt einer Taube erscheint. Darunter kopieren Schreiber sein Manuskript. Die Figuren sind vom Künstler dieser Elfenbeintafel des 10. Jahrhunderts aus kompositorischen Gründen getrennt dargestellt worden. In Wirklichkeit saß der Verfasser eines Manuskriptes mit den Schreibern in einem Raum – dem Skriptorium – zusammen.

eine missionarische Unternehmung in Gang, welche die Kirche und die Welt grundlegend verändern sollte.

Wie eine Kettenreaktion brachte die Missionstätigkeit immer neue Adepten hervor, die das Evangelium ihrerseits weiterverbreiteten. Die ersten, die auszogen, waren im Jahre 596 Augustinus, ein benediktinischer Prior aus Rom, und vierzig seiner Mönche, die ein silbernes Kreuz und ein Bild des Heilands mit sich führten. Das südliche England war ihr Ziel, das sie im Triumph gewannen: Augustinus wurde der erste Erzbischof von Canterbury. Als die englische Kirche florierte, sandte sie ihrerseits ihre Söhne auf den Kontinent. Am erfolgreichsten war der im 8. Jahrhundert lebende, aus Devonshire gebürtige Mönch Winfried, den der Papst später Bonifatius, «Wohltäter», nannte. Der Aufbau der deutschen Kirche war im wesentlichen sein Verdienst. Zu Beginn des 10. Jahrhunderts war fast der gesamte Kontinent christlich.

Im Gefolge der Missionare befanden sich die Organisatoren. Kirchen wurden gebaut, das Diözesanwesen eingerichtet und Klöster gegründet – immer im Einvernehmen mit den eben bekehrten Herrschern. Diese erkannten theoretisch das geistige Primat der Kirche an, wenn auch nur wenige tatsächlich eine völlige Abkehr von heidnischer Sitte vollzogen, wie ihr neuer Glaube es ihnen vorschrieb. Trotz der Massentaufen, bei denen sie bis zu 10 000 ihrer Gefolgsleute auf einmal in die christliche Gemeinde überführten, begriffen und achteten sie die christlichen Gebote nur selten. Der heilige Eligius hatte seine Last als Lehrer des kraftstrotzenden Frankenkönigs Dagobert I., der drei Frauen und mehr als ein Dutzend Konkubinen hatte. Die leidenschaftlichen Moralpredigten des Eligius, des Bonifatius und anderer großer Verkünder des Evangeliums haben sich uns bis auf den heutigen Tag als Zeugnisse dafür erhalten, mit welch «individuellen» Sitten sie sich auseinanderzusetzen hatten.

Das meistbeschäftigte Büro. Der Kirche stellten sich aber noch weitere Aufgaben. Die barbarischen Anführer fanden weit mehr Geschmack an Kampf und Jagd als an mühseliger Schreibtischarbeit, wie sie die Verwal-

Im 12. Jahrhundert existierten in Europa etwa zweitausend Klöster. Die die Klostergemeinschaften unterhaltenden Orden hatten zum Teil stark unterschiedliche Auffassungen über die christliche Lehre und die klösterlichen Verhaltensregeln. Dennoch hatten die Klöster viel Gemeinsames: der Tagesablauf und der Gottesdienst beruhten im großen und ganzen auf der Ordensregel des heiligen Benedikt. Diese Regel des heiligen Benedikt von Nursia (480–550) aus dem 6. Jahrhundert bildet noch heute die Grundlage der meisten Ordensregeln. Ihre Hauptzüge werden auf dieser und den folgenden Seiten mit Aufnahmen aus dem Leben der Mönche des Zisterzienser-Klosters Casamari in Italien veranschaulicht. In den meisten Klöstern vereinigten sich die Brüder täglich neunmal zu den von der Regel des heiligen Benedikt vorgeschriebenen acht Gottesdiensten und zu einer Messe.

tung großer Gebiete oder auch kleinerer Distrikte forderte. Die Kirche machte sich eine ganze Reihe sozialer Dienste zur Aufgabe – Linderung der Armut, Fürsorge für Kranke und Hilflose, Beherbergung von Reisenden – und versuchte, durch ihre Lehren der Gewalt zu begegnen. Zwischen ihrem eigenen Verwaltungsapparat und demjenigen, den sie den weltlichen Herrschern zur Verfügung stellte, baute die Kirche mit der Zeit ein weltweites bürokratisches Netz von ungeheurer Macht auf. Ihr Hauptquartier, die päpstliche Kanzlei, wurde zum größten und meistbeschäftigten Büro Europas.

Das Rückgrat dieser Bürokratie waren einfache Geistliche, die in Vorbereitung auf ihre Priesterweihe einen der vier unteren Weihegrade innehatten: Türhüter, Vorleser oder Meßdiener. Viele von ihnen nahmen überhaupt nie die Priesterschaft auf sich, genossen aber dennoch eine Reihe wertvoller Privilegien, wie Immunität vor den weltlichen Gerichten und Befreiung vom Kriegsdienst. Dafür stellten sie der Kirche die eine höchst schätzbare Fähigkeit zur Verfügung, die sie besaßen: die Kenntnis des Lesens und Schreibens. Sie waren «die Prototypen» des heutigen Verwaltungsbeamten.

Kirche und Staat. Reibungen zwischen Kirche und Staat waren in diesen frühen Jahrhunderten selten; es war Raum genug für beide. Es geschah mit Billigung des Papstes Zacharias, daß Pippin der Kleine (714–768), der Vater Karls des Großen, den letzten Merowingerkönig vertrieb und sich an dessen Stelle setzte. Der heilige Bonifatius selbst salbte ihn mit dem heiligen Öl – und brachte ihn dazu, Bertrada zu ehelichen und dadurch ihren gemeinsamen Sohn zu legitimieren. Aus Dankbarkeit für die päpstliche Unterstützung half Pippin Papst Stephan III., dem Nachfolger Zacharias', gegen die Langobarden in Norditalien, die eine ständige Bedrohung Roms waren. Mit der Pippinischen Schenkung überließ er Stephan die Gebiete, die er den Langobarden abgenommen hatte und die den Grundstock des Kirchenstaates in Mittelitalien bildeten, eines Territoriums, über das der Papst sowohl die weltliche als auch die geistliche Herrschaft ausübte. (Einziges Überbleibsel davon ist heute das Gebiet der Vatikanstadt.)

Die Beziehungen zwischen Karl dem Großen und der Kirche waren – ebenfalls zu beiderseitigem Vorteil – noch enger. Karl hatte Nutzen davon, daß er seine Eroberungszüge unter dem Banner der Christianisierung durchführte; die Kirche zog ihren Vorteil aus dem Ultimatum des Königs an die Sachsen – den größten und «verstocktesten» heidnischen Volksstamm, den

Der Tag beginnt für den Mönch, wenn er sich zwei Stunden vor Tagesanbruch zum Gebet erhebt. Im Mittelalter standen die Mönche oft sogar schon je nach der Jahreszeit zwischen 1.30 Uhr und 2.30 Uhr auf.

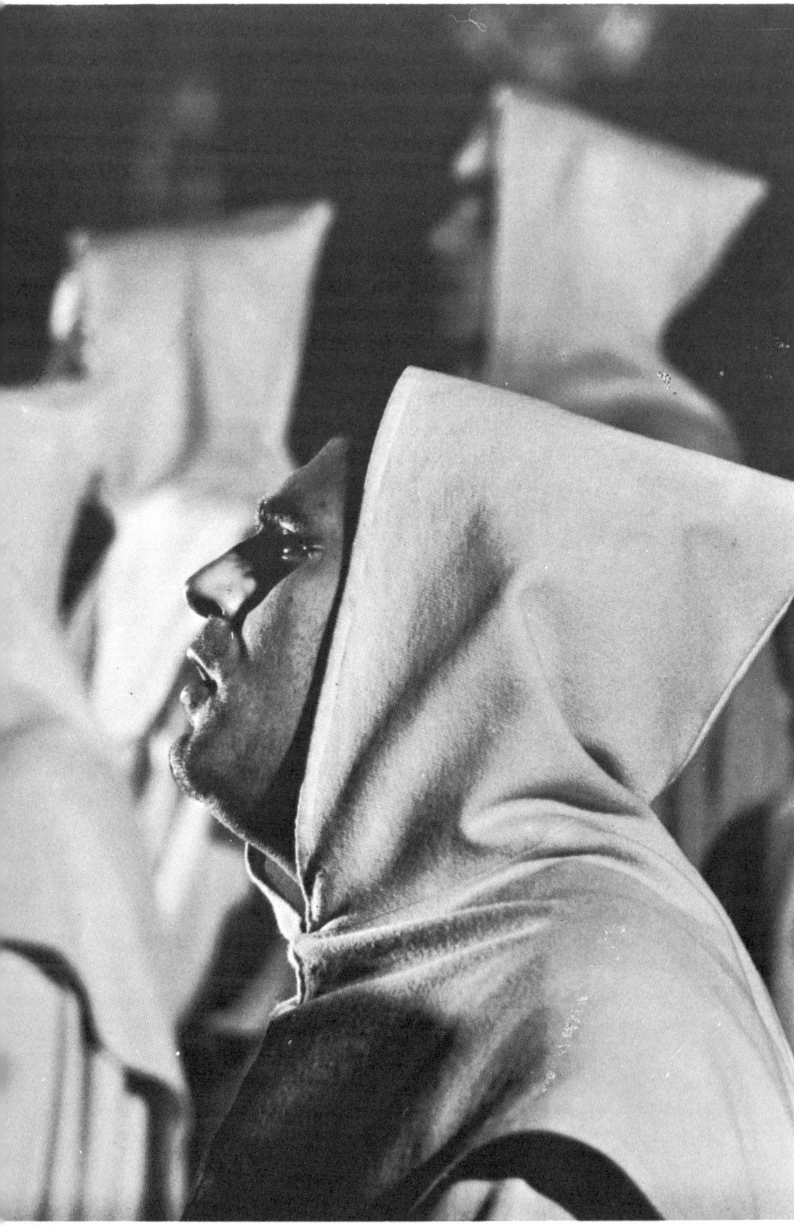

Im Gegensatz zu einigen anderen Orden sind die Zisterzienser zu körperlicher Arbeit verpflichtet, zu der auch die Pflege aller Klostergebäude gehört.

er je besiegte —, sich taufen zu lassen oder zu sterben. Die Motive Karls des Großen bei der Förderung der Kirche waren jedoch nicht nur selbstsüchtiger Natur. Er wollte das Ideal des christlichen Weltreiches verwirklichen, wie es der heilige Augustinus, der größte Verfasser unter den frühen Kirchenvätern, im 5. Jahrhundert in seiner berühmten Schrift ‹*De civitate dei*› gefordert hatte.

Karl der Große baute mit gleicher Energie Kapellen und Klöster, wie er Befestigungen errichtete. Er war auch der theologischen Diskussion zugetan. Sogar den Lauf der Kirchengeschichte beeinflußte er, indem er vorschlug, daß das Wort *filioque* («und von dem Sohne») dem offiziellen Glaubensbekenntnis von Nicäa eingefügt werde, wodurch zum Ausdruck kommen sollte, daß der Heilige Geist nicht nur von Gottvater, sondern auch von dem Sohn Gottes, Jesus Christus, ausgehe. Der Papst ließ diese Einfügung nur ungern zu, und seine Bedenken haben sich als berechtigt erwiesen, denn diese Doktrin führte schließlich zur Spaltung zwischen der römisch- und der griechisch-katholischen Christenheit. So gut diese Partnerschaft zwischen Papst und König auch begann, barg sie doch Unheil in ihrer gegenseitigen Abhängigkeit. Die Salbung Pippins machte ihn zum Herrscher «von Gottes Gnaden». Mit der Drohung, die Salbung zu verweigern, konnten spätere Päpste Einfluß auf die Legitimität eines Herrschers nehmen. Die Krönung Karls des Großen durch Papst Leo III. machte Karl zum Haupt des Weströmischen Reiches. Dieser päpstliche Akt erlaubte es den Nachfolgern Leos III., immer darauf hinzuweisen, daß es das Papsttum gewesen war, welches das Gewicht des Kaisertums wieder aus dem Osten in den Westen verlegt hatte, und daher gebühre dem Papsttum bei der Vergabe der Krone allemal auch das letzte Wort.

Dieser Streit zwischen Kirche und Staat glomm während der Anarchie weiter, die Europa nach dem Tode Karls des Großen erneut befiel, kam aber erst im 11. Jahrhundert zum Ausbruch. Inzwischen gossen neue Streitigkeiten Öl in dieses Feuer – Streitigkeiten, die aus menschlichen Schwächen und Begierden resultierten oder als Folgen des feudalen Systems entstanden, das seinen Höhepunkt im 9. und 10. Jahrhundert erreichte.

Nach dem Zerfall des Reiches Karls des Großen machten sich die großen Feudalherren selbständig. Ihr Grundbesitz gab ihnen Macht. Für die Vergabe von Land forderten sie Lehnstreue, und der Empfänger des Lehens, der Vasall, unterstand ihrem Befehl. War der Lehnsempfänger ein Bischof – was vorkam –, so hatte dieser eine doppelte Treuepflicht zu erfüllen, diejenige gegenüber seinem geistlichen Vorgesetzten und die gegenüber dem Lehnsherrn.

Der Lehnsgeber verlangte nicht nur Ergebenheit, sondern beanspruchte auch das Recht, den Nachfolger eines solchen Bischofs oder Abtes zu bestimmen, wenn dieser starb. Dafür gab es eine höchst einfache Begründung. Der unverheiratete Geistliche hatte keine Erben, denen er das Land hinterlassen konnte. Nach Auffassung des Lehnsherrn fiel dieses daher an ihn zurück und konnte von ihm erneut vergeben werden. Außerdem hatte der belehnte Geistliche die weltliche und die geistliche Aufsicht über seine Ländereien als Beauftragter des Lehnsherrn. Der Herr hielt es daher für sein Vorrecht, zu entscheiden, wer auf seinem Grund und Boden regieren sollte, und den gewählten Mann in sein Amt einzusetzen, ja sogar ihm den Bischofsring und den Krummstab, die jahrhundertealten Symbole geistlicher Herrschaft. zu überreichen. Der Lehnsherr konnte die Wahl eines Bischofs oder eines Abtes durch Klerus und Mönche billigen, er konnte aber auch, wenn ihm die Wahl mißfiel, der Diözese oder der Abtei den Landbesitz vorenthalten.

Handel mit geistlichen Ämtern. Diese um sich greifende Praxis der Amtseinsetzung durch einen Laien brachte der christlichen Moral ein äußerst abträgliches Übel ein: die Simonie, den Handel mit geistlichen Ämtern, benannt nach dem Magier Simon, von dem die Bibel berichtet, daß er versucht haben soll, vom Apostel Petrus die Gabe zur Verleihung des Heiligen Geistes zu kaufen. Der Ämterhandel ging in zwei Richtungen vor sich. Für eine große Summe verkaufte ein einflußreicher Kirchenmann einem Adligen ein kirchliches Amt für dessen Bruder, Neffen oder andere Verwandte. Der Lehnsherr verkaufte einem ehrgeizigen Kleriker einen Bischofssitz oder eine Abtei. Die Einkünfte, die ein hohes Kirchenamt oder die Kontrolle über weite Ländereien im Gefolge hatten, erweckten manche Begierde. Und wenn ein Aspirant auf den Bischofssitz dafür auch hart bezahlen mußte, so konnte er seine Unkosten doch alsbald dadurch decken, daß er von anderen Geistlichen nun seinerseits Investiturgebühren forderte. Zynismus und Demoralisierung drangen in die Reihen der Geistlichkeit und ermöglichten die Verbreitung weiterer Unsitten. Seit dem 9. Jahrhundert war es mit der Enthaltsamkeit und dem Zölibat nicht mehr weit her; Klöster erlaubten weiblichen Besuch, und die Zahl der Priester und Diakone, die Frauen oder Konkubinen hatten, wuchs zusehends.

Die niedrige Stufe, auf welche die Kirche im 9. Jahrhundert sank, spiegelt sich in den Worten hoher Würdenträger. Ein Bischof rühmte sich offen: «Ich gab Gold und erhielt den Bischofssitz. Aber ich werde es mir schon wieder verschaffen. Ich weihe einen Priester und erhalte Gold; ich ernenne einen Diakon und erhalte einen Haufen Silber ... Gesegnet das Gold, das ich gab. Ich hab's schon wieder unvermindert in meinem Beutel.» Ein anderer Simonie treibender Kleriker namens Manasses meinte, es wäre schon angenehm, Bischof von Reims zu sein, «wenn man nicht verpflichtet wäre, dann und wann die Messe zu zelebrieren». Viele Bischöfe und Äbte fanden das «Hüten der Herde» beschwerlicher als zu jagen, Bastarde zu zeugen oder an einem der zahllosen Kleinkriege teilzunehmen, die die Zeit

Die meisten Mönche arbeiteten täglich über sechs Stunden körperlich. Viele Mönche waren ausgebildete Handwerker, z. B. Müller, Schuhmacher, Apotheker oder Imker. Dabei bewiesen die Klöster mit ihren Arbeitsprogrammen einen gesunden Geschäftssinn. Die Abtei Waldsassen besaß die berühmteste Fischzucht ihrer Zeit. Englische Zisterzienser mit weitläufigen Besitzungen von hügeligem Ödland spezialisierten sich in der Schafzucht zur Wollgewinnung.

Das Herstellen eines Manuskriptes war eine mühselige Arbeit: ein einzelner Mönch mochte wohl über ein Jahr mit dem Kopieren der Bibel zu tun haben. Einige Kopisten haben die Torturen des wochenlangen täglichen Schreibens anschaulich geschildert – die verkrümmten Rücken, schmerzenden Muskeln und die von Winterkälte starren Finger.

Dieser kunstvolle Behälter aus Kupfer, vergoldet und emailliert, hat die Form einer Taube. Er diente als Behälter für das Abendmahlsbrot (Hostie).

auszeichneten. Die niedere Geistlichkeit tat desgleichen. Die Abnahme der Beichte und Mildtätigkeit gegen die Armen waren lästige Pflichten. Für die Erfüllung priesterlicher Aufgaben, wie das Taufen, Trauen und Beerdigen, wurden Gebühren gefordert.

Drei Jahre Amtszeit und Gift. Auch die Papstwürde sank tief herab. Sie wurde unter einer Clique römischer Adelsgeschlechter ausgehandelt; in einem Fall beanspruchten drei Anwärter gleichzeitig das Amt als ihrer Familie gehörig. Die Ermordung oder Vergiftung eines von Rivalen gestellten Papstes war nicht ungewöhnlich, und die durchschnittliche Amtszeit eines Papstes lag bei drei Jahren. Einige waren, gelinde gesagt, von zweifelhaftem Charakter. Der berüchtigtste unter ihnen war Johannes XII. (937–964), dessen Ausschweifungen so weit gingen, daß er Würdenträger, die sein Mißfallen erregten, kastrieren ließ, einen Priester in einem Stall weihte, Häuser in Brand setzte, in der Öffentlichkeit mit Schwert und Helm erschien, ganz unverhüllt der Liebe frönte und den Teufel mit einem Trinkspruch bedachte. Nach acht Jahren wurde er von einem kirchlichen Konzil abgesetzt, das Otto der Große, der erste machtvolle europäische Herrscher nach Karl dem Großen, im Jahre 963 einberief. Dieses Vorgehen Ottos, womit er Johannes XII. durch einen Papst seiner Wahl ersetzte, mag ursprünglich durch die unbestechlichen Moralvorstellungen des Nordens inspiriert worden sein, seitdem verschaffte es dem Kaiser aber das Recht, einen gewählten und geweihten Papst zu bestätigen oder zurückzuweisen, was die Elemente der kirchlichen Verfassung von Grund auf durcheinanderbrachte.

Bischofsring und Krummstab waren jahrhundertealte Symbole geistlicher Herrschaft. In den hier abgebildeten Krummstab ist eine Darstellung der Verkündigung an die Jungfrau Maria eingearbeitet.

Reform aus Cluny. Auch als die Kirche hoffnungslos verstrickt schien, erhoben sich noch Stimmen zu ihren Gunsten. Prinzipienfeste Männer hatten mit wachsender Besorgnis die Bestechlichkeit um sich herum beobachtet. Sie sahen die Kirche dem Untergang zutreiben; es war entschieden Zeit, den Tempel zu reinigen. Diese Aufgabe übernahmen in erster Linie die Cluniazenser. Cluny, im südwestlichen Frankreich gelegen, war von Herzog Wilhelm dem Frommen von Aquitanien im Jahre 910 als Benediktinerabtei gegründet worden. Die Aufgabe der Cluniazenser überstieg fast das Maß des Menschlichen. Die Papstwürde mußte «aus dem Schlamm gezogen werden», das Klosterleben mußte erneuert und die weltliche Geistlichkeit von solchen Übeln befreit werden wie Laieninvestitur, Simonie, Priesterehe, Konkubinat und anderen Unsitten.

Clunys Streben wurde gestützt durch die einzigartige Form, in der es organisiert war. Die benediktinischen Klöster waren autonom und fielen dadurch dem Druck örtlicher Machthaber leicht zum Opfer. Die cluniazensischen Klöster dagegen waren zentralistisch organisiert. Das Mutterhaus war eine «freie» Abtei, keinem Lehnsherrn oder dessen Untergebenen verpflichtet, sondern Rom direkt unterstellt. Der Abt von Cluny nahm mehrere Jahrhunderte lang die bedeutungsvollste Stellung neben dem Papst ein. Seine klösterliche Herrschaft umfaßte schließlich 300 weitverzweigte Prioreien.

Cluny brachte dem Christentum neue Lebenskraft. Überall wurden die Menschen durch den Angriff auf die Mißstände in der Kirche ermutigt. Die Cluniazenser waren außerdem damals der einzige Orden, in dem auch ein begabter Bauer so hoch aufsteigen konnte, wie es seine Fähigkeiten erlaubten. Es bildete sich dort daher eine moralische und geistige Elite, so daß man gern Cluniazenser zu Bischöfen und Erzbischöfen machte. Bei wachsendem Einfluß bediente sich Cluny der Technik der Infiltration, indem es seine Leute in die unreformierten Klöster und unter die korrupten weltlichen Geistlichen schickte. Die Gegner der Reform gaben jedoch nicht so schnell auf. Oft war der Kampf ebensosehr tatsächlicher wie geistiger Natur. So wurde ein unglücklicher Prior, den der Abt Odo von Cluny dem Kloster in Farfa bei Rom gegeben hatte, von zwei Mönchen ermordet, die auf dieses Amt reflektierten. Dennoch, der große Prozeß der Säuberung und Befreiung der Kirche war im Gange. Während Cluny «von unter her» arbeitete, wirkte

Eine Prozession der Mönche des Zisterzienser-Klosters in Casamari (Italien) tritt nach dem letzten Gottesdienst des Tages schweigend aus der Kirche. Nach Verlassen der Kirche eilen die Brüder schweigend in ihre Quartiere und gehen sofort schlafen. Die Regeln des heiligen Benedikt von Nursia schreiben vor, daß bis zum Morgen nicht mehr gesprochen werden darf.

Rom «von oben». Unter Nikolaus II., einem schon früh reformfreudigen Papst, wurde die Papstwahl durch Dekret von 1059 für alle Zukunft in die Hände des Kardinalskollegiums gelegt. Auch wurde die Stellung des päpstlichen Legaten, des persönlichen Abgesandten des Papstes, enorm gestärkt. Er konnte die Geistlichkeiten jeder Diözese übergehen und lokale Angelegenheiten ohne Rücksicht auf die Wünsche des Bischofs entscheiden. Ferner konnte er exkommunizieren und ganze Gebiete mit dem Interdikt belegen – dem vollkommenen Stillstand aller Gottesdienste und aller sonstigen kirchlichen Handlungen. Auf diese Weise konnte der Papst seine Gegenwart in allen Teilen der christlichen Welt spürbar machen.

Gregor VII. Kollisionen zwischen dem reformierten Papsttum und dem Kaiserreich wurden nun unvermeidlich. Zu offener Feindschaft kam es unter dem reformierenden Papst Gregor VII. Gregor (1021–1085) war ein cluniazensischer Mönch, der sein ganzes Leben in den Dienst des Reformgedankens gestellt hatte. Er war von kleiner Statur und hatte nur eine schwache Stimme, aber sein wenig einnehmendes Äußeres machte er durch leidenschaftlichen religiösen Eifer wett. Im Jahre 1075, zwei Jahre nach seiner Wahl, formulierte er die Rechte des Papsttums in seinem *Dictatus papae* und erschütterte damit das mittelalterliche Europa bis in seine Grundfesten.

Gregors Worte waren unmißverständlich. Er erklärte, daß die Kirche schon immer und auch für alle Zeiten unfehlbar sei und daß diejenigen, die damit nicht übereinstimmten, nicht als katholische Christen angesehen werden könnten. Der Papst ist der Höchste; er ist «der einzige, dem alle Fürsten die Füße küssen». Die geistliche Autorität des Papstes ist absolut; sie kann von niemandem auf Erden je in Frage gestellt werden. Alle weltliche Macht ist ihm untertan; er kann Könige und Kaiser entthronen.

Der Gang nach Canossa. In dem mächtigen Ringen von Kirche und Staat, das nun folgen sollte, kam es zu einem ersten persönlichen Treffen durch die Versuche Gregors, den störrischen jungen König Heinrich IV. (1050–1106) zum Gehorsam zu bringen. Heinrich IV. war gerade 25 Jahre alt, als Gregor seine Proklamation erließ, und durchaus nicht gesonnen, päpstliche Vorschriften irgendwelcher Art zu beachten. Das simonische System gefiel ihm ausgezeichnet, und er lehnte jede päpstliche Einmischung in die Auswahl derjenigen ab, die er als «seine» Bischöfe betrachtete. Eine päpstliche Rüge seines Verhaltens – in unmißverständlicher Sprache von drei päpstlichen Abgesandten aus Rom überbracht – beantwortete er mit einem Beschluß seiner ihm hörigen deutschen Bischöfe, worin Gregor für abgesetzt erklärt wurde. Gregor antwortete mit einer Absetzung Heinrichs. Zu diesem Zeitpunkt luden einige nicht zu Heinrich haltende Vasallen zusammen mit den immer rebellischen Sachsen den Papst nach Augsburg ein, um dort mit ihm über die Wahl eines neuen Königs zu beraten.

Der Papst nahm an und machte sich nach Augsburg auf den Weg, wobei er zunächst in Canossa, auf der Burg der Markgräfin Mathilde von Toskana, seiner reichen und mächtigen Verbündeten, Station machte. Hier erreichte der Konflikt zwischen Kirche und Staat einen seiner Höhepunkte. Heinrich war geschlagen, und er wußte es. Mit Weib und Kind eilte er über die Alpen, den Papst zu treffen. In Canossa ließ man ihn drei Tage vor den Toren der Burg stehen, in Eiseskälte, barfuß, nur mit dem Gewande der Büßer angetan (1077). Auf Drängen der Markgräfin Mathilde verzieh Gregor schließlich dem gedemütigten Herrscher.

Für alle Zeiten wurde Canossa für die Kirche das Symbol ihres höchsten Triumphes über den Staat. Tatsächlich aber blieben die Spannungen ungelöst. Trotz des päpstlichen Pardons wollten sich die deutschen Gegner Heinrichs nicht mit ihm abfinden: sie wählten einen anderen König an seiner Statt. Gregor vereinigte die feindlichen Kräfte gegen Heinrich, belegte ihn mit dem Kirchenbann, erklärte ihn aller königlichen Macht für verlustig und rief alle Christen auf, seinen Befehlen nicht zu gehorchen. Indessen war der Kampf damit noch nicht beendet. Heinrich sammelte seinerseits neue Kräfte, setzte Gregor erneut ab und ging nach Rom, wo er seinen eigenen «Gegenpapst», Clemens III., einsetzte. Gregor starb aber bald. Seine letzten Worte waren: «Ich habe die Rechtlichkeit geliebt und die Schlechtigkeit verabscheut; dafür sterbe ich nun im Exil.» Heinrich hatte aber nur einen vergänglichen Sieg errungen. Aufruhr folgte ihm auf Schritt und Tritt bis zum Ende seiner Tage. Als er 1106 starb, hatten die deutschen Fürsten ihn seiner Krone beraubt und diese seinem Sohn Heinrich V. verliehen.

Es kam auch weiter zu anhaltenden Kämpfen zwischen Päpsten und Kaisern um die häufig wechselnde Vorherrschaft. Es gab eine Zeit, da der Triumph der Kirche ein Goldenes Zeitalter des Christentums zu verkünden schien, aber ihr folgte eine Periode der Niederlagen des Papsttums, dessen Exil und Spaltung in drei Lager. Der Streit ging so lange weiter, bis die Völker Europas beider Parteien überdrüssig waren und feststellten, daß sie sehr gut auch ohne sie auskommen konnten. Eine neue Macht begann sich allmählich zu bilden: der Nationalstaat.

Ehe sich dieser Zustand einstellte, gab es zwischen bitteren Streitigkeiten auch Perioden des Friedens und der Freundschaft, in denen Staat und Kirche Seite an Seite wirkten. Denkwürdig war besonders die Zeit der Kreuzzüge, in der sich Adel und Geistlichkeit die Hände reichten im gemeinsamen Kampf um die Befreiung der heiligen Stätten von den ungläubigen Moslems.

3. Die Eroberungen der Kreuzzüge

Die Kreuzzüge beschäftigten die Menschen des Mittelalters über 200 Jahre, vom Ende des 11. Jahrhunderts bis zum Ende des 13. Jahrhunderts. Große Begeisterung stand an ihrem Anfang, Enttäuschung und Verwirrung kennzeichneten ihr Ende.

Hinter den Kreuzzügen standen sehr unterschiedliche Motive: die erklärte Absicht, um derentwillen sie in Gang gebracht wurden – die heiligen Stätten der Christenheit aus den Händen der Ungläubigen zu befreien –, war nicht so lauter, wie es scheinen mochte. Obwohl die christlichen Pilger ständig mit Abgaben belastet wurden, war ihnen doch kaum jemals der Zugang zu den Heiligtümern versperrt gewesen. Jedenfalls trieben auch praktische Überlegungen zu den Kreuzzügen. Die römische Kirche sah eine Chance, ihre Einflußsphäre nach Osten auszudehnen. Die Könige und Feudalherren des westlichen Europa erhofften sich neues Land und neue Reichtümer. Adlige sahen ein Betätigungsfeld für die überschäumende Kraft ihrer Söhne. Die Geistlichkeit hoffte, Eiferer und Unruhestifter abschieben zu können.

Auch die Kreuzfahrer selbst folgten widersprüchlichen Impulsen. Für ihre Teilnahme an den Kreuzzügen hatte ihnen die Kirche bestimmte Belohnungen versprochen wie Vergebung der Sünden und Aufschub von Schulden. Ohne Hemmungen konnten sie zügellos und grausam sein. Sie raubten und plünderten andere Christen aus und verübten unglaubliche Schandtaten an ihren mohammedanischen Gegnern. Bei alldem bewegte die Kreuzfahrer ein starker Glaube und tiefe Ehrfurcht vor der Erde, über die Christus geschritten war. Die Intensität dieses Gefühls hat Shakespeare später in den Worten des streitbaren englischen Monarchen Heinrich IV. ausgedrückt: «Wir sind gezeichnet und zum Streit verpflichtet ... zu jagen jene Heiden im heil'gen Land, über dessen Hufen die segensreichen Füße sind gewandert, die uns zum Heil vor vierzehnhundert Jahren genagelt wurden an das bittre Kreuz.»

Die Kreuzfahrer eroberten die heiligen Stätten, aber sie hielten sie weniger als 100 Jahre. In der Erringung dieses Zieles wie in dem Traum der Ausweitung westlicher Macht nach Osten waren die Kreuzzüge letztlich ein Fehlschlag. Als sie zu Ende gingen, war die mohammedanische Herr-

An die Rückkehr eines Kreuzfahrers gemahnt das Grabmal des Grafen von Vandemont und seiner Gemahlin, Anna von Lothringen. Anna ließ den Stein aufstellen, als sie sechzehn Jahre lang nichts von ihrem Mann gehört hatte und dieser als verschollen gelten mußte.

schaft dort, wo die Schlachten getobt hatten, wieder gefestigt, das byzantinische Reich war tödlich geschwächt, und Europa kehrte zu sich selbst zurück. Doch es war nicht mehr das gleiche Europa.

Der unmittelbare Anlaß. Ein so grundlegender Wandel war zu Beginn der Kreuzzüge nicht vorherzusehen gewesen. Ihr unmittelbarer Anlaß war die militärische Bedrohung Konstantinopels, der östlichen Bastion des Christentums. Die stolze Stadt Konstantinopel war eine Gründung Konstantins, des ersten christlichen Kaisers des römischen Imperiums. Die Nachfolger Konstantins auf dem Thron von Byzanz mußten sich gegen zahllose asiatische Eroberer wehren. Die Byzantiner nannten sie *Sarakenos*, soviel wie «die im Osten Wohnenden», und das Wort «Sarazene» sollte zum Inbegriff für einen fanatisch kämpfenden Krieger werden. Die spätesten und mit Abstand die heftigsten dieser Eindringlinge waren die Seldschuken, gläubige Moslems. Im Jahre 1071 schlugen sie in der Schlacht bei Manzikert Tausende von Byzantinern in die Flucht und zogen tief nach Kleinasien hinein, wobei sie Byzanz gut der Hälfte seines Reiches beraubten.

Im Jahre 1073 wandte sich der Kaiser von Byzanz, Michael VII., mit einer Hilfsbitte an die westliche Christenheit. Die ganze Verzweiflung dieses Schrittes kann man ermessen, wenn man bedenkt, daß nur neunzehn Jahre zuvor die Ostkirche und die Westkirche sich wegen dogmatischer Streitigkeiten entzweit hatten. Ungeachtet des Schismas sandte Michael Boten zu Papst Gregor VII. Gregor war besten Willens, hatte jedoch daheim alle Hände voll zu tun mit den Gegnern seiner Kirchenreform. Während des folgenden Jahrhundertviertels setzten die Seldschuken ihre Übergriffe fort. Sie eroberten – neben anderen strategisch wichtigen Punkten – die uralte Festung Nicäa, von wo aus es nur ein Sprung über den Bosporus nach Konstantinopel war. Ein erneuter Hilferuf ging aus von einem anderen byzantinischen Herrscher, Alexios Komnenos, an einen anderen Papst, Urban II. Alexios war gewitzter als Michael. In seiner Botschaft betonte er nicht so sehr die Gefahr, die seiner Krone drohte, sondern die Notwendigkeit, daß die Gläubigen aus West und Ost die mohammedanischen Eindringlinge aus den traditionell christlichen Gebieten vertreiben müßten. Urban antwortete im November 1095 mit einer Rede auf einem Konzil in Clermont. Die Versammlung erstrahlte vom Glanz der Kardinäle, Bischöfe und Adligen. Niedriges Volk füllte den Platz vor der Kirche. Nachdem kirchliche Angelegenheiten besprochen waren, trat Urban ins Freie, denn er wollte eine möglichst große Zuhörerschaft für das, was er zu sagen hatte. Wie überliefert, soll er so begonnen haben: «Die euch und allen Gläubigen drohende Gefahr hat uns hierher geführt. Von Unseren Vertrauensleuten aus Jerusalem und Konstantinopel kommt schreckliche Kunde ... eine verfluchte Rasse, eine gänzlich von Gott abgewandte Rasse ... hat die Länder jener Christen überfallen und deren Bewohner mit Feuer und

Ritter aller Art nahmen an den Kreuzzügen teil – Abenteurer, Freibeuter und Männer, fromm wie König Ludwig IX. von Frankreich. Viele von ihnen begingen schreckliche Grausamkeiten. Kreuzfahrer, die im Jahre 1099 in Jerusalem einbrachen, ermordeten Tausende. Oben: Blutrünstige Kreuzfahrer benutzten Menschenköpfe als Munition für ein Katapult bei der Belagung der Stadt Nicäa im Jahre 1097.

Schwert ausgerottet.» Urban zählte dann die Missetaten der Türken auf, Beraubung und Schändung der Kirchen, Besudelung der Altäre, Raub christlicher Frauen sowie Folterung und Ermordung ihrer Männer. Er sparte auch nicht mit Details. Eine Foltermethode der Türken sei, so berichtete er, bei ihren Opfern «den Nabel zu durchbohren und ein Stück Eingeweide

herauszuziehen, dieses an einen Stock zu binden und darauf das Opfer mit Schlägen so lange im Kreis herumzujagen, bis die Eingeweide vollends heraustreten und das Opfer zusammenbricht».

Urban fuhr fort: «An wem ist es nach alldem, diese Freveltaten zu rächen und das geschlagene Land zurückzugewinnen, wenn nicht an euch? ... Macht euch auf zum Heiligen Grabe. Entreißt das Land den Verruchten, und macht es euch selbst untertan.»

Dieses und noch vieles andere sprach er, und er verstand es meisterlich, den Appell an die Leidenschaften mit einem Appell an den praktischen Sinn seiner Zuhörer zu verbinden. Urban erinnerte sie daran, daß in dem Land, in das sie kommen würden, «Milch und Honig fließen ... wie in einem

Ein baldiges Ende der Kreuzzüge dokumentiert sich in diesem Brief, der 1220 an den König Philipp II. von Frankreich (1165–1223) geschrieben wurde. Neun Bischöfe unterzeichneten das Schriftstück und versahen es mit ihren Siegeln. Die mit ihren Truppen zur Verteidigung des Heiligen Landes angetretenen Bischöfe berichteten von heftigen sarazenischen Angriffen und von den Schwierigkeiten, die Stellungen zu halten. – 1291 überrannten islamische Streitkräfte Akkon, das letzte christliche Bollwerk im Heiligen Land. – Die Kreuzzüge waren vorbei.

herrlichen Paradies», während das Land, das zu verlassen sie im Begriff ständen, «zu klein für sie alle» sei und keine Nahrungsmittelreserven mehr böte. Für ein Frankreich, das in jenem Jahr weithin Hunger litt, war das ein zugkräftiges Argument.

Als Urban geendet hatte, erhob sich aus der Menge der vielstimmige Ruf: «*Deus volt! Deus volt!*» (Gott will es!). Und hatte diese Zustimmung auch seine Erwartungen übertroffen, so zeigte sich der Papst der Situation doch gewachsen, und auf der Stelle erklärte er, daß der Schlachtruf «Deus volt» sein solle und daß jeder Mann, der sich auf das heilige Wagnis einlasse, das Zeichen des Kreuzes auf Mantel, Sutane oder Waffenrock tragen solle. Noch ehe die Versammlung endete, hatten viele ihre Mäntel zu

Sir Geoffrey Luttrell, oben in einer Illustration des 14. Jahrhunderts, war eine Erscheinung des Ritterstandes in letzter Vollendung. Er war frei, begütert und gebildet. Er lebte nach genau vorgeschriebenen ritterlichen Konventionen und diente dementsprechend in erster Linie seinem Lehnsherrn, in zweiter Linie dem christlichen Glauben und außerdem einer romantischen schönen Frau, die nicht seine eigene sein durfte.

Sir Geoffrey war nur noch ein fernes Abbild der Ritter des 9. Jahrhunderts. In jener turbulenten Zeit schlugen Könige und Fürsten, von barbarischen Volksstämmen hart bedrängt, fast jeden Raufbold zum Ritter, soweit ihm nur ein Pferd gehörte. Jedem Ritter wurde dann Land, als Gegenleistung für Kriegsdienste, verliehen, und er verbarrikadierte sich bald auf seinem Lehen. Viele zogen dann von dort aus, um zu rauben und zu plündern. Der Räuber Sir Bevis of Hamton tötete während seiner verheerenden Raubzüge mehr als 650 Menschen. Mit der Zeit jedoch wandelte sich das Rittertum von seinen rohen zu höfisch verfeinerten Formen und gedieh zu hohem Ansehen.

Streifen zerrissen, um daraus Kreuzeszeichen zu machen, die sie auf ihre Kleider hefteten. Fulcher von Chartres, Augenzeuge dieser Szene, erinnerte sich begeistert: «Oh, wie willkommen, wie erhebend für uns alle war der Anblick dieser Kreuze.»

Christliche Propaganda. Diese Geste wurde bald von Abertausenden im ganzen Westen übernommen. Die Menschen bekamen die Macht einer Propaganda zu spüren, die wirkungsvoll und unermüdlich verbreitet wurde. Zusätzlich zu den Ermahnungen der Priester und Prediger schilderten zahl-

In Anfängerübungen fechten Edelknaben mit Kinderschwertern und Schilden. Der Möchtegern-Ritter übte seine Fähigkeiten auch im Gebrauch von Lanze, Schwert und Streitaxt gegen eine Strohpuppe.

lose Traktate die abscheulichen Untaten der Moslems. Sogar die graphischen Künste wurden eingespannt. Darstellungen eines monströsen Türken, der auf dem Kreuz herumtrampelt, machten die Runde von Dorf zu Dorf.

Ferner konnten die Propagandisten auch noch aus einem Gefühl reiner Frömmigkeit Kapital schlagen, das aus der Kirchenreform des vergangenen Jahrhunderts entstanden war. Zahlreiche Menschen hatten sich aus ihrem isolierten Dasein aufgemacht und Pilgerfahrten zu den Gräbern des heiligen Petrus in Rom, des heiligen Jacobus von Compostela und des heiligen Marcus in Venedig unternommen; viele waren bis in das Heilige Land gezogen.

Dieses Zusammentreffen der Propaganda mit den Gedanken der heiligen Pilgerschaft versetzte die westliche Christenheit in einen wahren Fiebertaumel. Während Urban und der Adel einen offiziellen Kriegszug planten, zog das einfache Volk auf eigene Faust los. Eine der merkwürdigsten Figuren der Weltgeschichte war verantwortlich für diesen Bauernkreuzzug. Es war Peter, ein Eremit aus Amiens. Er hätte recht gut unter die alten

Im Kriegsdienst hält der Knappe seinem behelmten Herrn das unruhige Roß. Der Knappe begleitete seinen Ritter überallhin, griff in den Kampf aber nur ein, wenn der Ritter in Lebensgefahr schwebte.

Propheten gepaßt, sein Haar war wild, er rollte mit den Augen und riß durch seine Predigten alle mit sich fort. Seine hypnotisierten Zuhörer auf den Marktplätzen hielten ihn nicht für einen gewöhnlichen Sterblichen. Sie rissen Haare aus dem Schweif seines Maultieres, um sie als Reliquien zu bewahren.

Als Aufwiegler war Peter unübertroffen. Überall in Frankreich und im

Rheinland ließen die Bauern den Pflug stehen. Bald schon strömten zwei französische und ein deutscher Heerhaufen in das Donautal. Dieser wüste Heereszug umfaßte etwa 50 000 Menschen, darunter ganze Familien mit kleinen Kindern, die sich beim Erreichen jeder neuen Stadt jammernd erkundigten, ob dies nun wohl Jerusalem wäre.

Mord und Totschlag. Viele ließen ihrer Besessenheit, Ungläubige zu töten, schon freien Lauf, ehe sie noch ihr eigenes Land verlassen hatten. Die Juden in Speyer, Mainz, Worms und anderen Städten wurden ihre Opfer. Als der Erzbischof von Köln Tausenden von ihnen Zuflucht in seinem Palast gewährte, hieben die Angreifer die Türen ein und massakrierten alle. Weiter im Osten warfen die bäuerlichen Kreuzfahrer gierige Blicke auf die reichen Weizenfelder Bulgariens und erklärten kurzerhand auch die Bulgaren zu Heiden. Aber die Bulgaren schlugen zurück, nachdem sie Gemetzel und Plünderungen erduldet hatten. Sie erschlugen die Kreuzfahrer, während diese an ihren Lagerfeuern schliefen, oder vergifteten die Brunnen am Wege mit den Kadavern von Schafen.

Krankheit und Erschöpfung forderten ebenfalls ihren Tribut. Nur ein Rest der Kreuzfahrer erreichte Konstantinopel im Spätsommer 1096. Kaiser Alexios besah sich die raubgierigen Haufen und verschiffte sie klugerweise nach Kleinasien, wo die Türken sie samt und sonders niedermachten.

Adlige Expeditionskorps. Der erste Kreuzzug des Adels wurde, im Gegensatz zu dem tragischen Verlauf dieses Volkskreuzzuges, zu einem Triumphzug. Zu Beginn des Jahres 1097 trafen vier Expeditionskorps zu Lande und zu Wasser in Konstantinopel ein. Unter ihnen Franzosen, Provenzalen, Flamen, Deutsche, Sizilianer und – am gefürchtetsten von allen – Normannen. Räuber und Krieger von Natur, hatten diese Abkömmlinge der Wikinger unter Wilhelm dem Eroberer gerade vor dreißig Jahren England überrannt und erst kürzlich die Sarazenen aus Sizilien vertrieben. Ende 1097 hatten die Kreuzfahrerarmeen Kleinasien für Kaiser Alexios zurückerobert und waren weiter südwärts gezogen, um für sich selbst die großen Städte Edessa in Armenien und Antiochia und Tripolis in Syrien zu gewinnen. Am 15. Juli 1099 – nach fünfwöchiger Belagerung – errangen sie den entscheidenden Sieg durch die Einnahme von Jerusalem. In wilder Ekstase säuberten die Kreuzfahrer die Stadt von den Türken. Die Straßen waren rot vom Blut der Ungläubigen. Und auch die im Gebet gefalteten Hände der Kreuzfahrer waren noch blutig, als diese bei Anbruch der Nacht am Heiligen Grabe knieten, «schluchzend vor übermäßiger Freude».

Nüchterne Tatsachen ... Romantische Vorstellungen umgeben seitdem die Männer dieses ersten Kreuzzuges mit einem Glanz, den sie nicht ver-

Als Botengänger nimmt der Knappe eine Nachricht für seinen Herrn entgegen. Die als Knappen dienenden Jugendlichen waren die persönlichen Diener eines Ritters; sie mußten auch die Waffen ihres Herrn pflegen oder als «Kellner» bei Festgelagen fungieren.

dienen. Ihre Tapferkeit ist unbestreitbar. Ihre Anführer – die normannischen Fürsten Bohemund und Tankred, Gottfried von Bouillon und dessen Bruder, Balduin von Boulogne, sowie Raimund von Toulouse – gehören zu den verwegensten Männern der Zeit. Indessen korrigieren einige nüchterne Tatsachen das Idealbild vom Kreuzfahrer als eines großen, wuchtigen Kriegers in flammender Rüstung auf feurigem Streitroß, das Schwert oder die prächtig gefiederte Lanze in der gepanzerten Faust. Die Ritter waren durchweg nur etwa 1,60 m groß. Die Pferde waren wohl von prachtvoller Kraft, feurig waren sie nicht. Auch die strahlende Ritterrüstung ist eine Zutat der Phantasie, denn eiserne Rüstungen entwickelten sich erst nach der Zeit der Kreuzzüge. Statt dessen trugen die Ritter Panzerhemden, also Hemden aus Leder oder Leinen, auf die zahllose kleine Eisenringe aufgenäht waren.

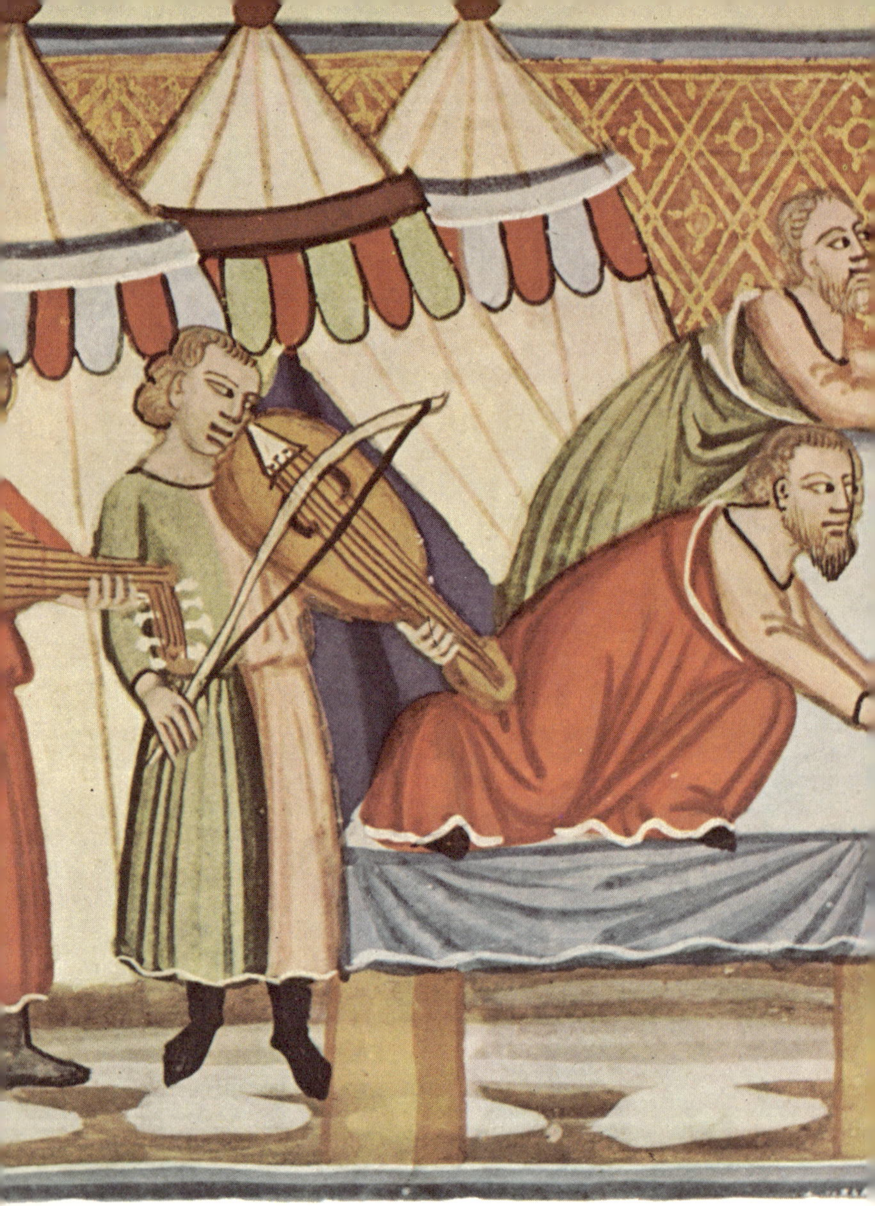

Um sich für den Ritterstand zu qualifizieren, brachte ein Ritterssohn sein halbes Leben damit zu, die Kunst der Kriegführung zu erlernen. Im Alter von sieben wurde er als Page in die Obhut eines berühmten Herrn gegeben. Dort bekam er mit anderen Pagen

Unterricht im Reiten und Schwertführen und hatte viele andere Aufgaben zu erfüllen. Mit 14 Jahren wurde er Knappe eines Ritters. Mit 21 wurde er in einem feierlich-religiösen Zeremoniell (wie auf diesem Bild) zum Ritter geschlagen.

«Geldgierige Rüpel.» Außerhalb der Schlacht konnten die Kreuzfahrer kaum als Vorbilder gelten. Die Einwohner von Konstantinopel verachteten ihr plumpes Auftreten. Auch die mehr städtischen unter den Abendländern bestaunten die Stadt mit offenem Munde. Denn zu der Zeit waren Paris, London und Rom nicht viel mehr als erweiterte Marktflecken. Konstantinopel dagegen besaß gepflasterte Straßen, Nachtbeleuchtung, Ladenstraßen, Parks, Theater, ein Hippodrom, Villen für die Reichen und Arbeiterwohnsiedlungen, die unvergleichliche Hagia Sophia und einen kaiserlichen Palast, der angefüllt war mit Marmor, Mosaiken, Edelsteinen und kostbarem Inventar. Der Wohlstand der Stadt war verführerisch, und die Kreuzfahrer konnten ihres Verlangens, zu plündern und zu stehlen, nicht Herr werden. Anna Komnena, die Tochter des Kaisers und vielleicht die hämischste Frau, die je zur Feder griff, brandmarkte die Ankömmlinge als flachshaarige, «immer geldgierige» Rüpel.

Land «jenseits des Meeres». Der Erste Kreuzzug endete mit der Einnahme von Jerusalem. Am Weihnachtstag des Jahres 1100 wurde das Königreich Jerusalem gegründet. Dazu noch drei weitere christliche Staaten: die Grafschaft Edessa, das Fürstentum Antiochia und die Grafschaft Tripolis. Im wesentlichen bildeten sie eine lange Linie von Burgen und befestigten Hafenplätzen entlang der östlichen Mittelmeerküste. In Europa erhielten diese Staaten die Kollektivbezeichnung «Outremer», das Land «jenseits des Meeres».

Fast 200 Jahre lang bildete Outremer den Brückenkopf des westlichen Christentums im Osten. Die italienischen Seehandelsstädte Venedig, Genua und Pisa sorgten für den erforderlichen Nachschub, und zwei neue Orden, die dortselbst entstanden waren, verteidigten es: die Johanniter und die Tempelritter (genannt nach dem Tempel Salomos in Jerusalem). Die jungen Adligen, die die Mehrzahl der Mitglieder dieser Orden stellten, hatten die Funktion von Mönchsrittern. Nur dem Papst unterstellt, waren sie mächtiger als die weltlichen Herren des Heiligen Landes und schlossen manchmal sogar Verträge mit den Moslems ab.

Unbedeutend als Landsitz, nahm Outremer jedoch durch die Männer, die es gegründet hatten, starken Einfluß auf die europäische Denkweise. Die christlichen Pioniere in Outremer stellten alsbald fest, daß zwischen ihnen und ihren byzantinischen Glaubensgenossen gegenseitige Abneigung herrschte, daß sie dagegen die Moslems ehrlich schätzten, insbesondere wenn sie — wie häufig — mit ihnen in Eintracht lebten.

Das Verhalten der Moslems war ebenso eine Offenbarung wie der Luxus ihrer Lebensführung und der verschwenderische Sonnenschein ihres Landes. Die Abendländer waren überwältigt. Kamen sie doch aus einer Welt, in der Fenster nur enge Schlitze waren, die mehr Kälte hereinließen als Licht, und in der man Kleider und Körper selten reinigte. Zu den häuslichen

Freuden, mit denen sie sich alsbald umgaben, gehörten persische Teppiche, brokatene Wandbehänge, Möbel mit Perlmutteinlagen ebenso wie große Fenster, die über blumenbesäte Gärten auf das blaue Meer hinaussahen. Außerdem gab es fließendes Wasser, noch funktionierende römische Sielanlagen, hervorragende Ärzte und wohltuende Medikamente, die mit Rosenöl und Spezereien angerichtet waren, nicht mit Katzentalg und gekochten Schnecken.

Der Geistliche und Historiker Fulcher von Chartres beschrieb diesen Vorgang mit den Worten: «Der Römer oder Franke ist . . . ein Galiläer oder Palästinenser geworden . . . Wir haben die Heimat bereits vergessen.» Der Bruch mit der Vergangenheit war so tief, daß ein zweiter Kreuzzug im Jahr 1147 scheiterte, weil Outremer ihn so gut wie nicht akzeptierte.

Der Zweite Kreuzzug war ausgezeichnet durch die Teilnahme zweier Monarchen, Ludwig VII. von Frankreich und Konrad III. von Deutschland. Das Verdienst, sie für diese Unternehmung gewonnen zu haben, gebührte dem berühmtesten Kirchenmann der Zeit, dem Abt Bernhard von Clairvaux. Er war Zisterzienser, gehörte also einem der strengen Orden an, die während der Reform der Kirche gegründet worden waren. Obwohl er der Welt entsagt hatte, war er doch durch seinen mächtigen Intellekt und seine streng orthodoxe Haltung zum Ratgeber von Päpsten und Königen geworden. Als er seine leuchtend blauen Augen auf Konrad richtete und von den Schrecken des Jüngsten Gerichts für diejenigen sprach, die das Kreuz nicht auf sich genommen hätten, blieb dem deutschen Kaiser keine Wahl. Bernhard führte eine offene Sprache. Wohl wissend, daß die neuen Kreuzfahrer zum großen Teil Diebe, Mörder und Betrüger waren, begrüßte er ihren Auszug: «Europa freut sich, sie loszuwerden, und Palästina, sie zu gewinnen; sie sind also zwiefach nützlich, durch ihre Abwesenheit hier und ihre Anwesenheit dort.»

Trotz Bernhards Rhetorik und trotz königlicher Hilfe erreichte der Zweite Kreuzzug nichts. Seine Heere versuchten vergeblich, das verlorene Edessa zurückzuerobern. Nach zwei vertanen Jahren schmolz der Zug zusammen. Seine eigentliche Bedeutung liegt in einigen Abstechern vor seiner Ankunft im Osten. Englische und flämische Kreuzfahrer unterbrachen ihren Zug, um Lissabon von den Mauren zu befreien. Sachsen und Dänen zogen über die Elbe in den heutigen ostdeutschen Raum und unterjochten die heidnischen Wenden. Die päpstliche Verlautbarung, daß auch dieses östliche Abenteuer als Kreuzzug gelte, löste Befremden und Enttäuschung bei der europäischen Christenheit aus, für die das Kreuzfahrertum gleichbedeutend war mit der Befreiung Jerusalems.

Vielerlei Übel breitete sich aus. Das Papsttum brauchte Geld für Ausgaben wie die Ausstattung der Legaten in den neuen Ländern der Christenheit. Die Kirche begann, Ablässe zu verkaufen, die sündige Seelen von den Strafen im Purgatorium ganz oder teilweise zu befreien versprachen. Zu-

Am 27. November 1095 wurden Kriegshandwerk und Christentum durch Papst Urban II. (1040–1099) eng verbunden: er predigte einen Kreuzzug zur Befreiung der heiligen Stätten der Christenheit von den Ungläubigen. Seine Ansprache verursachte eine Welle von acht großen Kriegen, die in einem Zeitraum von 177 Jahren in Afrika ebenso wie in

Kleinasien zu dem Zweck ausgetragen wurden, die «Feinde des rechten Glaubens» zu unterjochen. Es entstanden die mächtigen Orden der Mönchsritter, unter ihnen der berühmte Orden der Tempelritter. Bild: Ritter unter König Ludwig IX. (mit Krone) setzten Segel, um im Heiligen Land das Christentum zu verteidigen.

«Ungläubige» begehrten im Jahre 1270 Einlaß in ein Kreuzfahrerlager unter dem

nächst kauften oder erdienten die Kreuzfahrer diese Ablässe für verstorbene Familienangehörige oder Freunde. Später konnte man mit Geld sogar die Befreiung von einem Kreuzzug erkaufen. Es war möglich, das Kreuz zu nehmen, aber einen Ersatzmann zu stellen und diesen dafür zu bezahlen. Oder man gab der Kirche eine bestimmte Summe, und diese kaufte — theoretisch — einen Substituten.

Diese Praxis untergrub das Ansehen der Kreuzzüge. Man begann sie als störende Unterbrechung des Lebens anzusehen oder aber als Abenteuer, die zu gefahrvoll waren, um den rechten Geschmack daran zu finden. Nach dem Fiasko des Königszuges im Jahre 1149 gab es noch sechs größere und zahlreiche kleinere Unternehmungen. Aber nie wurden Erfolg und Feuer des Ersten Kreuzzuges wieder erreicht.

Vorwand, sich taufen lassen zu wollen. Die Wachen fielen auf den Trick herein.

Sultan Saladin. Am nächsten kam ihm der Dritte, der von großer Volksbegeisterung getragen wurde. Im Jahre 1187 eroberten die Streitkräfte eines neuen Sarazenenführers, des Sultans Saladin, eines Mannes von außergewöhnlichem Mut und Charakter, Jerusalem, und zwar in einem formell erklärten Glaubenskrieg, einem Dschihad. Dieser Gegenkreuzzug löste in Europa einen Schock aus und rief dessen drei bedeutendste derzeitige Herrscher auf den Plan: Friedrich Barbarossa, Philipp II. von Frankreich und Richard Löwenherz. Aber sie richteten nichts aus. Barbarossa ertrank in einem Gebirgsbach in Kleinasien, Philipp II. zog heim, und Richard paktierte schließlich mit Saladin, wodurch das Heilige Land auf einen Küstenstreifen von Tyros bis Jaffa reduziert wurde.

Von diesem Kreuzzug lebt besonders die Erinnerung an die Ritterlichkeit, mit der Richard und Saladin sich inmitten sonst erbarmungsloser Kämpfe gegenübertraten. Saladin war Meister in dieser Kunst. Im Treffen bei Jaffa zum Beispiel erfuhr er, daß das Pferd des Engländers getötet worden war. Sogleich sandte er ihm einen Diener mit zwei frischen Rossen. Saladin erlaubte den Christen in Jerusalem auch, gegen Lösegeld die Stadt mit all ihrer Habe zu verlassen, und er gewährte ihnen – unbewaffnet – freien Zutritt zu den heiligen Stätten.

Die Kreuzzüge, die dann folgten, können kaum noch als solche bezeichnet werden. Papst Innozenz III. – der strengste Vertreter der Papstwürde im gesamten Mittelalter – predigte persönlich für den Vierten Kreuzzug. Dieser kam jedoch nicht einmal bis in das Heilige Land. Der listige Doge von Venedig machte ihn zu einem rein kommerziellen Unternehmen. Venezianer und Kreuzfahrer taten sich zusammen und bemächtigten sich eines rivalisierenden Hafens in Dalmatien, der Stadt Zara, die eine rein christliche Bevölkerung hatte. Um das Maß voll zu machen, eroberten und plünderten sie im Jahre 1204 Konstantinopel. Die letzten Bindungen zwischen östlichem und westlichem Christentum wurden dadurch zerstört. Das Papsttum, das diesem gemeinen Treiben machtlos zusehen mußte, verlor dabei alles Ansehen.

Kinderkreuzzüge. Acht Jahre später, im Jahre 1212, kam es zu zwei ergreifenden Kinderkreuzzügen. Ein 12jähriger französischer Bauernjunge, Stephan von Cloyes, behauptete, daß Christus ihm während des Schafehütens erschienen sei und ihm einen Kinderkreuzzug nach Jerusalem aufgetragen habe. Während die Erwachsenen darüber lächelten, folgten etwa 30 000 französische Knaben und Mädchen dem Aufruf Stephans und zogen mit ihm durch die Provence nach Marseille. Dort erwarteten sie, daß Gott die Wasser für sie teilen werde, wie er es für Moses getan hatte, damit sie trockenen Fußes durch das Mittelmeer in das Heilige Land gelangen konnten. Sklavenhändler lockten sie auf Schiffe und verkauften sie nach Nordafrika und Ägypten. Ein Kreuzzug von 20 000 deutschen Kindern im selben Jahr kam nicht über Italien hinaus. Ein Teil derjenigen, die sich in die Heimat durchschlugen, wurde von den Bauern in Dienst gezwungen, die sich schon über ihren Auszug lustig gemacht hatten. Viele der Mädchen endeten in römischen Bordellen.

Spott für den Papst und Diplomatie. Im Jahre 1229 fand der merkwürdigste aller Kreuzzüge statt, ein unblutiger Kreuzzug der Diplomatie, veranstaltet von einem Herrscher, der soeben vom Papst exkommuniziert worden war. Kaiser Friedrich II., Enkel Kaiser Barbarossas, war eine in jeder Hinsicht außergewöhnliche Erscheinung seiner Zeit. Er war hervorragend gebildet und sprach sechs Sprachen, darunter Arabisch. Seine vielseitigen Fähigkeiten hatten ihm den Beinamen eines *stupor mundi*, eines

Weltwunders, eingetragen. Man bezichtigte ihn, dem kirchlichen Dogma mit Skepsis gegenüberzustehen, und seine ständigen Spötteleien über die päpstliche Autorität ließen bereits das Erscheinen eines neuen Schlages unabhängiger weltlicher Staatsmänner auf der europäischen Bühne ahnen. Friedrich glaubte an die Macht von Handelsbeziehungen. Nachdem er mit seinem Heer im Osten angelangt war, kam es zu einer Verständigung mit dem Sultan von Ägypten. So gewann er durch Verträge und ohne Schwertstreich Jerusalem, Bethlehem und Nazareth.

Friedrichs Sieg für das Christentum war jedoch kurzlebig. Die Sarazenen eroberten Jerusalem im Jahre 1244 zurück. Zwei spätere Kreuzzüge Ludwigs IX., des Heiligen von Frankreich, endeten mit dessen Tod durch eine Ruhrerkrankung. 1291 nahmen islamische Streitkräfte Akkon, das letzte christliche Bollwerk im Heiligen Land. Die Kreuzzüge waren vorbei.

Folgen der Kreuzzüge. Nur wenige in Europa bedauerten das. Die begrüßenswerten Ergebnisse des Kontaktes mit den Kulturen des Islams und mit Byzanz waren offensichtlich. Die Venezianer übernahmen die Glasbläserei aus Tyros, französische Landleute züchteten Seidenraupen und webten prächtige Stoffe in der Tradition des Ostens. Bauern pflanzten Pflaumenbäume aus Damaskus und Zuckerrohr aus Tripolis. Zimt, Nelken und Muskat brachten Würze in die Küche Europas. Die Frauen gebrauchten Spiegel aus Glas an Stelle polierter Metallplatten. Die Männer genossen den Komfort der Dampfbäder.

Aber noch viel tiefergreifende Veränderungen waren im Gang. Der Lehnsadel war verarmt. Um ihre Beutezüge nach Osten zu finanzieren, hatten die Adligen oft Privilegien an die Städte und ihren Leibeigenen die Freiheit verkauft. Die Städte waren stolz und groß geworden, ihre frei gewordenen Bürger selbstbewußt. Die Wirtschaft stützte sich nicht mehr auf Tausch und Dienstleistungen, sondern auf Geld. Das Ansehen der großen Handelsherren kam dem des Adels gleich. Kaufleute und Kunsthandwerker gelangten zu Wohlstand. Die mittelalterliche Gesellschaftsordnung war in der Umschichtung begriffen, neue Lebensformen bildeten sich. Die Kreuzzüge waren vergessen, politische und gesellschaftliche Umwälzungen im eigenen Lande beschäftigten den Westen.

4. Die neue städtische Gesellschaft

In ihrer Blütezeit hatten die mittelalterlichen Städte wenig von dem Reiz, der das 20. Jahrhundert so bezaubert. Innerhalb der Stadt war Raum ein Luxus, den sich nur die wenigsten leisten konnten. Dicht an dicht standen die hölzernen, leicht entflammbaren Häuser und suchten durch Überbau der oberen Stockwerke zusätzlichen Raum zu gewinnen. Die Gassen waren kaum mehr als Durchgänge von ein bis zwei Metern Breite. Die sanitären Einrichtungen waren mangelhaft, die Siele offen. Der Passant mußte sich vor Fenstergüssen in acht nehmen und suhlenden Schweinen ausweichen.

Eine Besonderheit entschädigte den Stadtbewohner jedoch für all solche Mißlichkeiten. Die Luft, die er atmete, mochte stinkend sein, aber sie war frei. Er konnte – anders als der fronende Landbewohner – sich bewegen, wie er wollte, und frei seine Meinung äußern. Physisch schränkte ihn seine Umgebung zwar ein, seelisch dagegen konnte er sich frei entfalten. Er wuchs innerlich im Getriebe und in der lärmenden Geschäftigkeit der Stadt. Sein Milieu wurde zur Keimzelle der sozialen, politischen und wirtschaftlichen Umschichtung, die letzten Endes die westliche Welt aus der mittelalterlichen zu einer modernen umgeformt hat.

Handelszentrum am Bosporus. Mittelalterliche Städte, die nicht dem römischen Imperium entstammten, entwickelten sich erst nach dem Jahre 1000. Die Wiedergeburt des Handels begünstigte ihr Wachstum. Paradoxerweise ging der Handel mit dem Osten dem Handel auf regionaler Ebene voran. Konstantinopel war der Hauptumschlagsplatz. Es war eine große Metropole geworden, stellte viele Waren selbst her und handelte darüber hinaus mit zahlreichen fremden Erzeugnissen. Sowohl für die Überlandkarawanen wie für die Schiffahrt war es leicht zugänglich.

Konstantinopel bot jedem Fähigen seine Chancen. Für die Europäer wurde die Zeit reif, als das Mittelmeer nach gut vierhundertjähriger Vorherrschaft der Moslems im 11. Jahrhundert wieder offen war. Die normannische Vertreibung der Sarazenen aus Sizilien und die spanisch-christliche Rückeroberung der Gebiete aus arabischer Hand nahm dem Islam die Kontrolle der nördlichen Mittelmeerküsten. Die Seefahrer von Venedig, Pisa,

Die mittelalterlichen Städte hatten wenig von dem Reiz, der das 20. Jahrhundert so bezaubert. Dicht an dicht standen die engen Häuser, die Gassen waren meist kaum mehr als Durchgänge von einem Meter Breite; die sanitären Einrichtungen waren mangelhaft, die Siele offen. – Bild: Siena im 14. Jahrhundert.

Amalfi, Genua, Marseille und Barcelona konnten freier operieren. Trotz der Überfälle türkischer Piraten und trotz Mangels an nautischen Hilfsmitteln liefen westliche Segelschiffe Konstantinopel und andere levantinische Häfen an.

Der Seeverkehr nahm mit den Kreuzzügen erheblich zu.

Im- und Export. Viele Importe waren nur für Reiche erschwinglich – der Adlige mochte eine seltene Stickerei begehren, der Prälat einen goldenen Kelch. Aber das «Füllhorn» ferner Zonen enthielt auch Dinge, die weniger Wohlhabende erwerben konnten, wie Zucker, Gewürze, Stoffe und Farbstoffe. Bald überlegte man, was etwa zum Austausch geeignet sei, woraus sich der Ansporn zur Produktion über den eigenen Bedarf hinaus ergab.

Anfänglich besaß Europa nur einen Exportartikel: wollene Gewebe aus dem bäuerlichen Flandern, die über England exportiert wurden. Im übrigen bestand der frühe West-Ost-Handel aus Grundstoffen wie Korn, Flachs, Fisch, Salz und Wein. Dazu kamen später Holz und Felle aus Deutschland und Skandinavien. Aus Rußland kamen über deutsche Handelsstationen im Norden und genuesische im Süden Hanf, Honig, Pelze und Kaviar.

An den Küsten von Konstantinopel, Jaffa und Alexandria lernten die Reisenden aus allen Teilen Europas nicht nur vom Osten, sondern auch voneinander. Sie lernten nicht nur neue Waren kennen, sondern auch deren Fertigungsmethoden. Diese Belebung der Kontakte und Vorstellungen ergab eine Expansion des innereuropäischen Handels und der Produktion. Die Porzellane und kostbaren Steine des Ostens konnte man nur bewundern, aber Indigo und Firnis konnte man gebrauchen, Silber und andere Metalle verarbeiten, Seiden, Damaste und Samt nachahmen. Herstellungsverfahren und Erzeugnisse mehrten sich. Die traditionellen Messen legten dafür Zeugnis ab. Auf dem größten Markt in der Champagne, auf halbem Wege zwischen Italien und Flandern, stellten die Buden Kupfertöpfe, Ledersättel, Schwerter, Rüstungen, Schleifsteine, Klingen und Schmiedewaren, hölzerne Zuber, Wagenräder und ganze Wagen, Kleidung, Schuhe und Handschuhe zur Schau – jeder Gegenstand Ergebnis europäischen Gewerbefleißes.

Handelsmärkte. Große Bedeutung als wichtige Handelsplätze hatten die Jahrmärkte. Die Feudalherren, die sie begünstigten (und Steuern auf die Verkäufe erhoben), gewährten Sicherheit durch Einrichtung eines «Marktfriedens». Eine große französische Messe von einigen Wochen Dauer zog Kaufleute aus Schottland, England, Deutschland, Spanien, Italien, Konstantinopel, Syrien, Armenien und Ägypten an. Dort konnten sie kaufen, verkaufen und Geldsachen regeln. Die Fülle verschiedener Währungen stellte kein Hindernis dar. Englische und normannische Münzen, savoyardische Taler, westfälische Groschen, venezianische Dukaten, Florentiner Goldgul-

Ein Lastkahn übernimmt Waren in einem flämischen Hafen. Schiffahrt war die billigste und schnellste Art der Beförderung. Ein Handelsschiff legte am Tag 150 Kilometer zurück, eine Karawane höchstens 45. Anfänglich besaß Europa nur einen Exportartikel: wollene Gewebe aus dem bäuerlichen Flandern. Im übrigen bestand der frühe Handel in Europa in dem Austausch von Grundstoffen wie Korn, Flachs, Fisch, Salz und Wein.

den, byzantinisches Gold, türkische Dinare — alle liefen durch die gefälligen Hände italienischer Geldwechsler, die sie wogen, prüften und ihren Wert bestimmten. Auf den Wechseltisch oder die Bank, an der sie arbeiteten, führen sich unsere heutigen Banken zurück, ebenso wie zahlreiche Bankpraktiken aus diesem anfänglichen Wechslerdienst herrühren. Dennoch stellten die Jahrmärkte die europäischen Kaufleute nicht ganz zufrieden.

MITTELALTERLICHE HANDELSWEGE ZU LANDE UND ZU WASSER

Die Wasserstraßen der drei Hauptseemächte und ein Netz von Landstraßen waren die Lebensadern des europäischen Handels in seiner Blüte zu Beginn des 14. Jahrhunderts. Damals verbanden Schiffe aus Venedig (blaue Linien) und Genua (kurze blaue Striche) Asien mit dem Mittelmeer und dieses mit dem Ärmelkanal. Im Norden lag das Schiffahrts- und Handelsmonopol in den Händen der Hanse (lange blaue Striche). Zu ihr gehörten Hafenstädte wie Hamburg und Bremen und Handelszentren im Hinterlande wie Dortmund und Köln. Während Italien Seiden und Gewürze aus dem Osten einführte und eigene Textilien und Glaswaren exportierte, lebten die Städte des Nordens vom Handel mit Fellen und Holz aus Rußland, von baltischem Fisch und Getreide, von flämischen Stoffen und deutschem Eisen. In der Mitte des 14. Jahrhunderts wurde dieses Handelsnetz durch Kriege und Epidemien – z. B. die Pest – in kurzer Zeit fast vollständig zerstört.

Die Handelswaren waren das Lebenselixier der Städte; sie kamen über die großen internationalen Messen auf die örtlichen Märkte. Die sechs umfangreichsten Messen wurden an wechselnden Plätzen der Champagne (Frankreich) abgehalten, deren zentrale Lage sie zu einem natürlichen Mittelpunkt machte. Im Frühjahr kamen bedeutende Händler mit kostbaren Gütern von weit her – aus Ägypten ebenso wie aus Schottland. Bei Ankunft auf dem Messegelände errichtete jedes Land seine eigenen Stände. Die Flamen legten ihre Wollwaren aus, die Spanier ihr Korduanleder, italienische Wechsler besorgten den Geld- und Kreditverkehr.

Nach einigen Wochen schlossen die Messen, und die Händler zogen davon. Bedeutendere Kaufleute reisten nun zu den berühmten Messen in Gent, Leipzig oder Nowgorod. Mitte November aber eilte jeder Kaufmann nach Hause, um alsbald das Wintergeschäft in den Mauern der eigenen Stadt zu beginnen. Bild: Eine internationale Warenmesse wird unter dem Segen des Bischofs eröffnet.

Währungsgeschäfte machen italienische Wechsler durch Tausch byzantinischer, arabischer und europäischer Münzen. Vor allem die von den italienischen Bankkaufleuten gewährten Kredite waren lebenswichtig für den glatten Ablauf des Handels.

Trotz «Marktfrieden» und dem weiterreichenden «Gottesfrieden» der Kirche, der Privatfehden an Festtagen und bestimmten Werktagen ächtete, war das Reisen immer noch gefahrvoll. Außerdem waren die Messen saisongebunden. Das Bedürfnis nach ständiger Handelsgelegenheit wuchs und führte zur Gründung von Städten.

Aus praktischen Gründen mußte eine Stadt so gelegen sein, wie es für den Handel am günstigsten war – an einem Wasserlauf oder an einem Straßenknotenpunkt. Wegen des Räuberunwesens und der ständigen Kriege der Feudalherren mußte eine Stadt ferner möglichst nahe an einer starken Befestigung – einem königlichen Palast, einer Burg, einem Kloster oder Bischofssitz – liegen. Wo beides anzutreffen war, begannen die Kaufleute sich niederzulassen. Bald gesellten sich ihnen Abenteurer und wanderndes Volk bei: der Fron entflohene Leibeigene, wandernde Schnitter, Landsknechte, junge Adlige, die auf kein väterliches Erbteil rechnen konnten, Schmiede, Zimmerleute und Sattler vom Lande, die lohnendere Aufgaben für ihr Können suchten. Der Apparat des städtischen Lebens entwickelte sich. Neben den Kaufleuten und Handwerkern versahen Bäcker, Schlachter und Gastwirte ihre lebenswichtige Arbeit.

Die Städte wuchsen. Die neue Schicht der Städter – entstanden aus dem Willen zur Unabhängigkeit vom Grundbesitz – verzichtete nach und nach immer mehr auf den Schutz der Burgen oder anderer Anlagen. Sie bauten sich eigene Befestigungswälle, zunächst hölzerne Palisaden, später steinerne Schutzwehren, flankiert von Türmen, oft so geräumig, daß darin Kornspeicher, Weinkeller, Gärten und Stallungen untergebracht werden konnten.

Mit dem Anstieg der Einwohnerzahl wurden die anfangs weit umlaufenden Mauern zu engen Umklammerungen. Die Bauten wurden höher und höher, manchenorts mußten Verordnungen ähnlich den heutigen Bauhöhenbeschränkungen erlassen werden. In Reims beispielsweise durfte kein Haus höher sein als die Dachtraufen der Kathedrale. Der Erzdiakon war angewiesen, jeden Tag von den Gesimsfenstern aus zu kontrollieren, daß keines der in Bau befindlichen Gebäude seine Augenhöhe überschritt. Aber trotz aller Probleme, die aus dieser Selbstbeschränkung entstanden, verzichtete kaum eine mittelalterliche Stadt auf Mauern; sie verschafften stolze Überlegenheit gegenüber den offenen Flecken. Sobald alte Mauern neuen Straßen und Stadtteilen Platz machten, errichtete man neue und stärkere Mauern. Wie die Jahresringe eines Baumstammes zeichneten die Wallanlagen das Bild des Wachstums der Städte.

Viele namhafte Städte Europas, wie Hamburg, Frankfurt, Innsbruck, Brügge, Gent, Oxford und Cambridge, begannen mit ihrem Aufschwung erst in der zweiten Hälfte des Mittelalters, während ältere Zentren, wie London, Paris, Venedig, Genua, Mailand und Florenz, bereits üppig gediehen. Eine einfache Stadt hatte etwa 2500 Einwohner, eine große 20 000, London und Genua je 50 000. Paris, Venedig und Mailand, die größten, hatten je 100 000 Einwohner. Mit der Ausdehnung der Bevölkerung entstanden neue Niederlassungen. Zwischen 1100 und 1250 verzehnfachte sich die Anzahl der Städte mit eigenem Stadtrecht.

Dieses Wachstum brachte ein neues Phänomen hervor: das gesteigerte politische Bewußtsein des Städters. Unter dem feudalen System gehörte das Land, auf dem die Stadt sich bildete, einem Abt, Bischof, Adligen oder König, dem die Stadt pflichtig war. Mit zunehmender Prosperität der Städte brachten Steuern und Zölle auf Handel und Gewerbe den Feudalherren reiche Erträge. Manche gründeten selbst Städte und begünstigten Ansiedler. Allgemein huldigten die herrschenden Klassen der aufkommenden Macht des Geldes.

Die Städter wurden sich ihrer günstigen Position schnell bewußt. Nachdem sie die wirtschaftliche Unabhängigkeit gekostet hatten, begannen sie, sich an den politischen und sozialen Schranken zu reiben. Sie wollten –

anders als Unfreie — ohne Erlaubnis der Grundherren heiraten, ihren Wohnort wechseln, Eigentum bilden und frei darüber verfügen. Sie wollten loskommen von der Pflicht zur Teilnahme an den kriegerischen Abenteuern der Grundherren. Sie verlangten nach eigenen Gesetzen und Gerichten. Gottesurteile durch Feuer- und Wasserproben oder Zweikämpfe waren kaum geeignet, geschäftliche Streitigkeiten zu schlichten.

Kommunen. Um die Forderungen durchzusetzen, taten sich die Einwohner einer Stadt in sogenannten Kommunen zusammen. Diese Praxis ging von den italienischen Städten aus, welche noch die längste Tradition eines Stadtlebens besaßen, und breitete sich dann im Norden aus. Manche Kommunen erreichten ihre Ziele nur durch offenen Aufstand. Oft verliefen die Verhandlungen mit den Machthabern aber auch im guten.

Die städtische Selbstverwaltung gedieh. Die meisten Städte hatten einen Rat, der sich aus den Vertretern der Zünfte zusammensetzte. Der Rat erhob Steuern und Marktzölle, überwachte die Unterhaltung der Mauern und Straßen und gründete karitative Einrichtungen. Er organisierte auch die Versorgung der Stadt und unterhielt die Bürgerwehr, wobei manchmal des Guten zuviel geschah. Da die Städte auf die Beschaffung von Nahrungsmitteln aus der ländlichen Umgebung angewiesen waren, endeten Streitigkeiten unter ihnen um die Kontrolle solcher Hilfsquellen oft mit Blutvergießen.

Außer dem Rat gab es ein Stadtgericht. Dessen Urteile schufen nunmehr ein völlig neues Gesetzesgebäude für Heirat, Erbfolge, Schuld- und Pfandrecht und alle Arten von Streitigkeiten der Gewerbetreibenden. Kleine Gauner wurden in den Fußblock geschlossen. Gewaltverbrechen wurden durch Kastration oder durch Amputation von Gliedmaßen, Enthauptung oder Erhängen bestraft. An Hinrichtungen nahm man leidenschaftlichen Anteil, sie riefen die gleiche Befriedigung hervor wie ein erregendes Moralitätenspiel. Derselbe Mann, welcher der Hinrichtung eines abgeirrten Mitbürgers gerne zusah, trat indessen für andere Mitbürger in höchster Solidarität ein. Von Anfang an hatte das mittelalterliche Leben gelehrt, daß das Überleben des einzelnen von der Stärke des Ganzen abhing. Und wenn auch die Sorgen um das rein physische Überleben allmählich abnahmen, so blieb doch der Gruppeninstinkt wach. Dessen Niederschlag in der Kommune verschaffte den Bürgern politische Macht. Wirtschaftliche Stärke wurde durch die Organisation der Zünfte gewonnen.

Kaufmännische und handwerkliche Zünfte. Es gab zwei Arten von Zünften, kaufmännische und handwerkliche. Ihr Zweck war wirtschaftlicher Selbstschutz. Sie entwickelten überdies freilich einen festen Zusammenhalt, der weit über das rein Ökonomische hinausging. Wurde einer krank, so kümmerten sich die Zunftgenossen um ihn. Wurde er bedürftig

In einem italienischen Gericht wird ein Urteil gesprochen. Drei Richter entscheiden über das Vorbringen der streitenden Parteien, während ein Schreiber den Fall für das Stadtarchiv aufzeichnet.

oder altersschwach, so waren sie gehalten, ihn regelmäßig zu besuchen und ihm Nahrung und Kleidung zu bringen, die von Zunftgeldern angeschafft wurden. Starb er, so beteten alle Zunftgenossen um sein Seelenheil. Die Zunft beglich im Notfall seine Schulden, befreite ihn durch Bürgschaft aus dem Gefängnis, stattete seine Töchter aus, bezahlte seine Beerdigung und versorgte die Witwe. Die Zunft war der Mittelpunkt seines gesellschaftlichen Lebens, mit großen Banketten in der Zunfthalle, mit Feiern zu Ehren des Schutzheiligen, mit Schauspielen und Prozessionen. Sie beein-

Zum Bild auf den beiden folgenden Seiten:
Im 11. Jahrhundert erhielten die Städte allmählich Stadtrechte von den Königen und Landesherren. Diese Urkunden gewährten Rechte, die viele Städte sich bereits selbst genommen hatten: sich selbst zu verwalten, Gesetze zu erlassen und Steuern zu erheben. Das städtische Recht wurde von gewählten Beamten ausgeübt und erstreckte sich auf alle Lebensbereiche. Verbrechen waren häufig, und die Gesetzesbrecher wurden unbarmherzig bestraft — wegen Raubes gehängt oder enthauptet, wegen kleinerer Vergehen verprügelt.

flußte auch sein Benehmen. So durfte er beispielsweise die Versammlungen nicht ohne Strümpfe besuchen.

Die Kaufmannsgilden entstanden aus dem Alltag des Überlandhandels. Die Kaufleute taten sich zu Karawanen zusammen, um sicherer zu reisen. In Gruppen konnten sie sich nicht nur besser gegen Wegelagerer behaupten, sondern auch eher Zugeständnisse bei der Verzollung ihrer Waren von den Landesherren erreichen, deren Gebiete sie durchzogen. Diese offensichtlichen Vorteile des gemeinsamen Vorgehens machten sich die Kaufleute alsbald auch daheim in Gilden zunutze, die bald den gesamten Handel in der Stadt beherrschten und regelten. Nur ihre Mitglieder durften in der Stadt Waren kaufen, verkaufen oder herstellen. Fremde mußten für die Zulassung zum örtlichen Handel die Zustimmung der Gilden haben.

Mit der Zeit nahm die Spezialisierung der Gewerbe zu, und die Kaufmannsgilden wurden durch die gewerblichen Zünfte in den Hintergrund gedrängt. Jedes Handwerk setzte seinen Stolz darein, eine eigene Zunft zu haben. In der Textilindustrie z. B. gab es eigene Zünfte für Woll-, Flachs- und Hanfhändler, für Wollkämmer, Spinner, zwei Arten Seidenspinner, sieben Arten Weber, für Färber, Walker, Tuchpresser, Tuchscherer, Stoffverkäufer und vier Arten Schneider. Im Textilgewerbe (unter anderen) durften auch Frauen beschäftigt werden. Das englische Wort «spinster» erinnert noch heute an Frauen, die ihren Lebensunterhalt durch Spinnen bestritten. Andere Möglichkeiten wurden den Frauen in der Brauereiwirtschaft geboten, worauf sich die Tradition der Wirtinnen und Kellnerinnen gründet.

Vom Lehrling zum Meister. Innerhalb ihrer Zuständigkeit übten die Zünfte Monopole aus. Kein Bürger konnte ein Handwerk ausüben, ehe er der Zunft angehörte. Auf dem Markt waren nur die Erzeugnisse der Mitglieder zugelassen. Als Gegenleistung für diesen Schutz mußte sich der Handwerker strengen Bestimmungen unterwerfen. Er mußte als Lehrling ohne jede Vergütung zwischen zwei und zehn Jahren dienen, je nach Schwierigkeit der Arbeit (die Goldschmiedeausbildung war die längste). Während dieser Lehrzeit lebte er bei seinem Lehrherren, dem er Gehorsam schuldete. Er wurde dann zum Gesellen und konnte sich um ein Taschengeld verdingen. Immer noch mußte er aber für einen Meister arbeiten und durfte sich nicht direkt an die Kundschaft wenden. Um Meister zu werden, legte er vor dem Zunftvorsteher eine Prüfung ab. Dabei mußte er in der Regel ein «Meisterstück» vorlegen, mit dem er sein meisterliches Können in dem erlernten Handwerk nachwies.

Nun konnte er sich selbständig machen, seine Waren im hinteren Teil seines Hauses herstellen und sie vorn zum Verkauf anbieten. Er durfte Lehrlinge als lernende Hilfskräfte beschäftigen. Frei in seinen Handlungen war er indessen keineswegs. Sein gesamtes Verhalten war strengen Zunft-

Färber tauchen und wenden lange Tuchstücke. Unter den wachsamen Augen der Zunftmeister wählten die Färber und andere Handwerker ihre Lehrlinge sehr sorgfältig aus und forderten lange Lehrzeiten.

regeln unterworfen. Das wirkte sich teilweise recht vorteilhaft aus. Die höchste handwerkliche Vollkommenheit, die heute an Europas mittelalterlichen Bauwerken noch sichtbar ist – so in schmiedeeisernen Gittern und

Glasbläser beschicken ihren Brennofen, blasen flüssiges Glas und prüfen, ob die fertigen Stücke auch den Zunftansprüchen genügen. Mit dem Wachstum der Städte wuchs auch der Einfluß der Zünfte. Diese waren freiwillige Schutzbünde von Kaufleuten und Handwerkern. Durch selbstgewählte Aufseher wachten sie über Qualität und Preise der Waren. Ein Zeichen wachsender Macht war ihr Monopolanspruch. So hatten die Färber von Derby in England das Monopol: «Niemand darf Stoff färben im Umkreis von zehn Meilen um Derby außer in Derby.» Paris hatte im Jahre 1202 beispielsweise 130 «ordentliche Professionen», einschließlich der Heilkunst. Zu dieser Zeit besaßen die Zünfte bereits viele soziale Funktionen.

in den Glasfenstern der Kathedralen –, ergab sich aus den hohen Qualitätsansprüchen der Zünfte. Minderwertige Ware erhielt nicht das Prüfzeichen der Zunft (woher sich das Ansehen der «Gütezeichen» ableitet). Von den Zünften gestellte Aufseher waren immer unterwegs. Hohe Strafen oder gar Ausschluß aus der Innung erwarteten einen Bäcker, der etwa seine Kunden beim Wiegen des Brotes betrog, oder einen Gewürzmüller, der seinem Pfeffer gemahlene Nußschalen zusetzte.

Zunftstrafen. Indessen wirkten nicht alle Vorschriften der Zünfte segensreich. Da es zu den Grundsätzen der Zünfte gehörte, jedem Mitglied gleiche Möglichkeiten zu bieten, war ein Wettbewerb unter ihnen undenkbar. Es war den Zunftmitgliedern untersagt, länger zu arbeiten als ihre Genossen, mehr Lehrlinge zu beschäftigen oder den Gesellen mehr Lohn zu bezahlen. Auch durfte niemand seine Waren anpreisen. Die Angehörigen eines Handwerkszweiges wohnten möglichst in einem Stadtviertel beisammen; die

Krämergassen, Seiler- oder Schmiedestraßen in Europas Städten erinnern an diese Gepflogenheit. Der mittelalterliche Käufer einer bestimmten Ware fand daher eine ganze Reihe von Läden mit gleichartigen Artikeln vor. Der Ladeninhaber durfte die Aufmerksamkeit des Kunden in keiner Weise besonders erregen. Schon ein Husten oder Niesen zog Zunftstrafen nach sich.

Wettbewerbsbeschränkung. Ein weiteres Mittel zur Dämpfung des Wettbewerbs war die Preisbindung. Kein Zunftmitglied durfte mehr verlangen als sein Nachbar, und was er fordern durfte, bestimmte die Zunft. Dabei nahm die Zunft die Grundsätze der Kirche als Richtschnur. In den Augen der Kirche waren Gewinnmotive von niederer Art und ein Mensch, der dem Profit nachjagte, allzusehr auf das Diesseits und zu wenig auf das jenseitige Leben gerichtet. Die Preise sollten daher nur ausreichen, um die Lohn- und Materialkosten zu decken. Mit der Zeit berichtigte die Kirche jedoch ihre Ansichten. Ihr großer Philosoph Thomas von Aquin konzipierte im 13. Jahrhundert den Gedanken des «gerechten Preises», der dem Verkäufer erlauben sollte, seine Familie angemessen zu unterhalten.

Die Kirche machte sich allmählich auch mit einer anderen Realität des europäischen Wirtschaftslebens vertraut: der Notwendigkeit des Kaufherrn, Geld zu leihen, um langfristige Unternehmungen zu finanzieren, und seiner Bereitschaft, für dieses Geld Zinsen zu zahlen. Wucher im heutigen Sinne bedeutet die Forderung übermäßiger Zinsen. Im Mittelalter galt jede Art von Zinsforderung als wucherisch. Die Kirche wetterte unentwegt gegen den Wucher und hielt ihn für eine Todsünde. Aber kein geringerer als Papst Innozenz III. bekannte im Jahre 1208 freimütig, daß die Kirche ihre Pforten schließen müßte, wenn man sie zur Ausstoßung aller Wucherer zwinge.

Das Geldverleihen war ausdrücklich nur den Juden erlaubt, die nicht Mitglieder der Zünfte werden und an der damit verbundenen Lebenssicherung teilnehmen konnten und die auch als nicht den Regeln der Kirche unterworfen angesehen wurden. Das Geschäft zwischen dem christlichen Geldentleiher und dem Geldgeber bestand praktisch aus mannigfaltigen Umgehungen des kirchlichen Wucherbannes. Man lieh z. B. Geld zinslos aus, ließ sich aber «Schadensersatz» leisten für Verzögerung der Rückzahlung.

Kapitalistisches Gewinndenken. In der Mitte des 13. Jahrhunderts sanktionierte Papst Innozenz IV. die Entschädigung eines Darlehensgebers für den zeitweiligen Verlust der Nutzung seines Kapitals.

Als Sinnbild der Zünfte überwacht eine hoheitsvolle Figur die Arbeiten eines Steinmetzen.

Die Durchsetzung kapitalistischen Gewinndenkens bedeutete den Untergang der früheren Zunftauffassung von der Gleichbehandlung aller. Die Zünfte selbst erfuhren eine starre Schichtung. Durch Beschränkung der Zulassung von Lehrlingen wurde die Zahl derjenigen, die zu Gesellen, dann zu Meistern aufsteigen konnten, entsprechend begrenzt. Die Meister wurden dadurch zu einer Oberschicht über einem Proletariat von weniger oder gar nicht ausgebildeten Arbeitern. Gleichzeitig begannen unternehmende Männer, die Zunftregeln zu ignorieren. Sie stellten so viele Leute ein, wie sie mochten, setzten die Arbeitszeit selbstherrlich fest und nahmen die höchsten Preise, die sich erzielen ließen. Ihre zusätzlichen Gewinne verwandten sie für Bankgeschäfte und Investitionen in Unternehmungen anderer Kaufleute. Mit dem Wachstum ihrer Vermögen nahm diese neue begüterte Schicht den Titel «Bürger» für sich allein in Anspruch, der ursprünglich alle Bewohner einer Burg und sodann alle Einwohner einer Stadt bezeichnete. In der mittelalterlichen Ordnung bildete diese Klasse den sogenannten Dritten Stand, sie rangierte nach dem Ersten Stand, der Geistlichkeit, und dem Zweiten Stand, den Adligen. Dann kamen die Arbeiter und Bauern.

Die Macht des Dritten Standes – des Mittelstandes – nahm ständig und bedrohlich zu. Da die Könige mit ihren Staatseinkünften vom Wohlstand des Bürgertums abhängig waren, gaben sie den reichen Kaufherren eine Stimme in ihren Beratungen. Die Kaufleute ihrerseits stützten die Zentralgewalt bei der Durchsetzung der Oberherrschaft über die Feudalherren und beschleunigten dadurch die Entwicklung des zentralisierten Nationalstaates. Zuweilen standen die Kaufherren aber auch in Opposition und durchkreuzten die Pläne der Herrscher. Die machtvolle Hanse, ein Zusammenschluß von mehr als 70 deutschen Handelsstädten, besaß das Handelsmonopol auf der Nord- und Ostsee und brauchte nur mit einem Handelsembargo zu drohen, um ihre Forderungen durchzusetzen. Als der dänische König die Hansestadt Wisby zu erobern versuchte, überzog ihn die Hanse mit Krieg, erreichte einen Friedensvertrag, der ihr die Kontrolle über den gesamten Heringshandel einbrachte, und beherrschte von dieser Zeit an die skandinavische Politik.

Auch in einer Zeit, in der sich die Vorteile des gemeinsamen Vorgehens des Kaufmannsstandes bereits zeigten, kam es zu eindrucksvollen Alleingängen. Man bestaunte die Erkundungsreisen Marco Polos, des Sohnes eines venezianischen Kaufherrn, der sich bis in den Fernen Osten nach China wagte, siebzehn Jahre als Ratgeber des großen Mongolenherrschers Kublai Khan diente und im Jahre 1295, vermutlich mit Reichtümern beladen, nach Venedig zurückkehrte. Einige Jahrzehnte später eröffnete ein einstiger florentinischer Ladenjunge mit Namen Francesco Datini ein Geschäft in Waffen und Rüstungen, ging dann auf Färberei und Kleidermanufaktur über, um schließlich Bankier zu werden und neue Unterneh-

Den Christen des Mittelalters . . .

... war das Zinsnehmen schlicht und strikt verboten. Sie durften nicht Geld verleihen, nicht Kapital investieren, wenn sie daraus einen Gewinn zogen. Das kanonische Zinsverbot drohte jedem Christen, der Geld «arbeiten» ließ, mit Exkommunikation.

Es war Hieronymus von Stridon, der Kirchenvater und Vulgata-Schreiber, der das Zinsveto bei Lukas (6,36) fand: «Leihet, daß ihr nichts dafür hoffet.» Die Gläubigen durften nicht Gläubiger werden. Das Verbot galt, wenigstens theoretisch, vom 9. bis ins 13. Jahrhundert. Erst danach verlor der Zins seinen höllischen Ruf; seine Berechtigung wurde nun wissenschaftlich untersucht und begründet.

Aber es dauerte noch bis weit ins 18. Jahrhundert, ehe auch der gewöhnliche Bürger in der Lage war, sein Erspartes in kleinen Summen und ohne Risiko zinsbringend anzulegen. Die Pfandbriefe, die Friedrich der Große in Preußen einführte, waren eine der ersten Möglichkeiten dazu.

mungen zu gründen. Das Ergebnis war ein Vermögen von 70 000 Florentiner Goldgulden. Neben solchen Glücksrittern und Handelsfürsten bildeten sich die großen Bankiersfamilien der Spini, Bardi und Frescobaldi in Italien und der De la Pole in England, die Einfluß auf dem ganzen Kontinent gewannen.

Ob als Bankiers, Geschäftsleute oder Industrieunternehmer, das wohlhabende Bürgertum veränderte das Gesicht Europas. Die Geistlichkeit sah mißfällig auf das kapitalistische Treiben. Der Adel verachtete die *nouveaux riches.* Aber der Dritte Stand hatte sich unbestreitbar einen immer größeren Platz «an der Sonne» erobert. Nachdem sie sich schöne Häuser errichtet und ihre Frauen in kostbare Gewänder und Pelze gehüllt hatten, setzten sich die neuen Männer höhere Ziele. Sie wollten ihren Söhnen eine vornehme Erziehung geben. Sie wollten Kunstmäzene sein und ihre Städte verschönern. Mit steigendem Wohlstand floß ein wachsender Geldstrom dem Schulbau, den Manuskriptsammlungen zu, wurde für Bilder, für den Bau von Kathedralen, Plätzen und öffentlichen Monumenten ausgegeben. Hauptsächlich durch den Reichtum dieser neuen Schicht und durch dessen entschlossene Verwendung kam die mittelalterliche Kultur zu voller Blüte.

5. Klosterschulen und Troubadoure

Die mittelalterliche Zivilisation hat große Kulturleistungen vollbracht, die seitdem lebendig geblieben sind und jede spätere Epoche bereichert haben. Universitäten wurden gegründet, die Anfänge einer neuen westlichen Literatur zeigten sich. Die Religion gewann Halt an dem philosophischen System der Ethik. Der künstlerische Sinn der Zeit fand im Kathedralenbau, in der Freskenmalerei, in polyphoner Musik Ausdruck. «Frischer Wind» belebte die Bereiche politischen und wissenschaftlichen Theoretisierens. Erfinderischer Unternehmungsgeist und spekulativer Scharfsinn durchdrangen alle geistigen Bemühungen.

Der zündende Funke dieser kulturellen Explosion war die Ausbreitung der Bildung. Im frühen Mittelalter war das Lernen ein vornehmlich der Geistlichkeit vorbehaltenes Privileg gewesen. Benedikt von Nursia, der das westliche Ordensleben im 6. Jahrhundert begründete, hatte den Mönchen Lesen und Studium zur Pflicht gemacht. Infolgedessen hatten sich die benediktinischen Abteien zu einer Art von Grundschulen entwickelt, in denen neben Latein auch die Kunst des Schreibens und des Illuminierens von Manuskripten gelehrt wurde. Karl der Große mit seinen ehrgeizigen Träumen hatte im 8. Jahrhundert die Lernmöglichkeiten durch ein Dekret erweitert, wonach jedes Kloster eine Schule unterhalten sollte, um alle diejenigen zu unterrichten, «die mit Gottes Hilfe zum Lernen befähigt sind». Der Kaiser selbst unterhielt für seine Kinder und die seiner Höflinge eine Palastschule.

Schulen in ganz Europa. Während die Klosterschulen Anwärter auf das Ordensleben ausbildeten, erzogen Kathedralschulen den Nachwuchs für die Ämter der weltlichen Geistlichkeit. Die Kathedralschulen, die Bestandteil des städtischen Lebens waren, ließen – zum Unterschied von den Klosterschulen – bereitwillig auch Laien zu. Mit der Zunahme der Stadtgründungen und des Kirchenbaus breiteten sich diese Schulen über ganz Europa aus, vornehmlich in Frankreich – in Tours, Chartres, Paris und andernorts. Unter ihren Schülern befanden sich in steigendem Maße Bürgersöhne und begabte Leibeigene.

Kostbare Manuskripte ruhen in der Bibliothek des Merton College, Oxford. Bücher gab es im Mittelalter nur sehr wenige, und diese wurden daher aus Sicherheitsgründen oftmals mit Ketten an den Regalen befestigt.

Der Lehrplan der Kathedralschulen beschränkte sich auf Grammatik, Rhetorik, Logik, Arithmetik, Geometrie, Musik und Astronomie – die sieben freien Künste, so genannt, weil im alten Rom nur *liberi*, «Freie», ihr Studium betreiben durften. Die Schriften einiger weniger Gelehrter des frühen Mittelalters dienten als Schultexte. Einer dieser Schriftsteller war Cassiodor, ein Römer des 6. Jahrhunderts, dessen zweiteilige *‹Institutiones Divinarum et Saecularium Litterarum›* die freien Künste definierten und eine Bibelinterpretation lieferten. Ein anderer war Boetius, ein Zeitgenosse Cassiodors, der es in seiner *‹Consolatio Philosophiae›* – im Gefängnis verfaßt, in das er wegen einer Verschwörung gegen König Theoderich geworfen war – unternahm, die Wandelbarkeit des menschlichen Geschicks mit der Vorstellung eines gütigen, allmächtigen Gottes in Einklang zu bringen. Ein dritter war Isidor von Sevilla, der Autor einer *‹Etymologia›* des 7. Jahrhunderts, einer Enzyklopädie über die freien Künste, über Medizin, Rechtswissenschaft, Theologie, Landwirtschaft, Krieg und viele andere Gebiete. Ein vierter war Beda Venerabilis, ein englischer Benediktinermönch, der eine Reihe biblischer Kommentare und Abhandlungen über Theologie und Astronomie verfaßte. Diese Männer waren, zusammen mit Augustinus, Papst Gregor dem Großen und einigen anderen Kirchenvätern, bekannt als die *auctores*, «Autoritäten», denen zu widersprechen sich der mittelalterliche Student nicht erkühnte.

Die Kathedralschule in Reims. Bald liberalisierte sich der Lernbetrieb mehr und mehr, und eine Ära großer Lehrer brach an. Der erste dieser neuen Generation war Erzbischof Gerbert von Reims (940–1003), in der zweiten Hälfte des 10. Jahrhunderts Vorsteher der dortigen Kathedralschule. Geboren als Sohn eines Leibeigenen, beendete er seine Karriere als Papst Sylvester II. Ein Vorgang in seiner Jugend ist in der Geschichte unvergessen geblieben. Als heranwachsender Mönch war Gerbert ein so ausgezeichneter Schüler, daß sein Abt den ungewöhnlichen Schritt tat, ihn zum Studium der Mathematik nach Spanien zu senden. Und obwohl er dort einen christlichen Bischof zum Mentor hatte, übte die weitläufige und tolerante Kultur des hier herrschenden Islams tiefen Einfluß auf Gerbert aus.

Hundert Jahre später, nach Beginn der Kreuzzüge und der Ausdehnung des Mittelmeerhandels, war ein geistiger Kontakt mit dem Islam nichts Ungewöhnliches mehr. Das christliche Europa sollte arabische Medizin, Astronomie und Philosophie kennenlernen. In Konstantinopel, auf Sizilien und in Spanien arbeiteten islamische und jüdische Gelehrte an lateinischen Übersetzungen nicht nur arabischer, sondern auch alter hebräischer und griechischer Texte. Europäer reisten in den Osten, um die Werke des Aristoteles im Original zu studieren.

Gerbert brachte mehr heim als die Kenntnis eines so fortschrittlichen Studiensystems, wie es in Córdoba herrschte, wo eine Schule oft Tausende von Schülern beherbergte. Von größerer Bedeutung war es, daß er den unablässig forschenden Geist des islamischen Denkens angenommen hatte. Als er in Reims zu lehren begann, verkündete er, daß die Werke der *auctores* nicht mehr genügten; seine Schüler mußten fortan die Klassiker im Original lesen. Zu diesem Zweck sammelte Gerbert Manuskripte, wo immer er konnte, und baute eine umfangreiche Bibliothek auf — keine geringe Sache zu einer Zeit, in der das Kopieren eines Manuskriptes bis zu einem Jahr dauerte und dabei das Jahreseinkommen eines Kirchenmannes verschlang.

Philosoph und Theologe. Aus Gerberts Schule gingen Europas neue große Lehrer hervor. Fulbert, der Bischof von Chartres und eine Haupttriebfeder der dortigen Kathedralschule wurde, besaß einen ätzenden Verstand, der seine Schüler zu guten Dialektikern machte. Er und seine Nachfolger in Chartres — Ivo, Bernhard und Thierry — zwangen sie auch, ihre Ideen selbständig auszudrücken. Unter diesen waren viele, die das Denken im Europa des 12. Jahrhunderts revolutionieren sollten.

Die lebendige Kraft dieser Revolution war ein Mann, der völlig eigene Gesetze schuf: der berühmte Lehrer Petrus Abélard (1079—1142). Heute erinnert man sich Abélards hauptsächlich wegen der pikanten Liebesaffäre mit seiner Schülerin Heloise. Zu seiner Zeit war er ebenso berühmt wegen seines scharfen Witzes wie um seiner furchtlosen Rede willen. Als ältester Sohn eines kleinen englischen Adligen hatte Abélard seine Erbrechte den jüngeren Brüdern überlassen und durchstreifte aus Liebe zur Wissenschaft Frankreich, um zu Füßen der großen Lehrer zu sitzen, ihnen zuzuhören oder sie wohl auch vor aller Ohren herauszufordern. Dann ließ er sich selbst als Lehrer am Mont Sainte Geneviève in Paris nieder, wo er ein Heer von Schülern anzog.

In seiner Abhandlung ‹*Sic et Non*› (Ja und Nein) stellte er 158 dogmatische Fragen, denen er widersprechende Zitate aus der Bibel, den Kirchenvätern und heidnischen Klassikern gegenüberstellte. «Der Schlüssel zur Erkenntnis», erklärte Abélard, «ist ausdauerndes und eindringliches Fragen ... Durch den Zweifel kommen wir zur Prüfung, durch Prüfung zur Wahrheit.» Dieser Gedanke, den Griechen ganz geläufig, war den Menschen des Mittelalters fremd. Abélards bedeutendes Werk gewann zwar einige Anhänger, stieß aber ebenso viele Leser vor den Kopf. Eins seiner anderen Bücher über das Wesen der Dreifaltigkeit wurde auf dem Konzil zu Soissons im Jahre 1121 verdammt, sein Autor zu einer Klosterhaft verurteilt.

Aber Abélard ließ sich nicht entmutigen. Ein Jahr später siedelte er mit Erlaubnis des Klosters in die Wälder südöstlich von Paris um. Schüler scharten sich um ihn. Sie bauten ihm eine Klause, bestellten sein Land und baten ihn, wieder zu lehren. Sobald Abélard die Ergebnisse seiner Gedanken zusammenfaßte, geriet er immer wieder mit den konservativen Vertretern der Kirche aneinander, so auch mit dem Abt Bernhard von Clairvaux, dem damals einflußreichsten Prälaten der Christenheit. Bernhard verfolgte Abélard mit dem gleichen Eifer, mit dem er zum Zweiten Kreuzzug aufrief. Auf Betreiben Bernhards verurteilte ein Konzil zu Sens im Jahre 1140 Abélard wegen Ketzerei. Abélard zog sich nach Cluny zurück und verbrachte dort seine beiden letzten Lebensjahre.

Universitäten. Trotz seiner Verdammung wirkte seine kritische Methode weiter. Im 13. Jahrhundert war der europäische Wissensdurst so groß, daß ihn keine kirchliche Zensur mehr hemmen konnte. Geistige Erkenntnis als Lebensform gedieh sogar im Schatten der fürchterlichen neuen Institution, der päpstlichen Inquisition. Im Jahre 1233 eingerichtet, um die albigensischen Ketzer in Südfrankreich auszurotten, hatten die Inquisitionsgerichte auch ein wachsames Auge auf Gelehrte. Dennoch ging die Saat der Abélardschen Gedanken überall in Europa auf. Weniger als 100 Jahre nach seinem Tode gediehen die Universitäten in Paris, Orléans und Montpellier, in Bologna und Padua und in Oxford und Cambridge.

Die Geburt der Universitäten zeigte sich an, als die Studenten und ihre Lehrer sich in Verbänden zusammentaten. Wie es zuvor die Handwerker getan hatten, verbanden sie sich ihrer gemeinsamen Interessen wegen und zum Schutz und nannten sich eine *universitas*, eine mittelalterliche Bezeichnung für jede Art von Korporation. In Italien, wo die Mehrzahl der Studenten aus erwachsenen Männern bestand, die fortgeschrittene Studien der Jurisprudenz und Medizin betrieben, kamen diese Verbindungen zu beträchtlicher Macht. Studenten verpflichteten und honorierten Lehrer, bestimmten die abzuhaltenden Kurse und belegten jeden Lehrer mit einer Geldbuße, der bei seinen Ausführungen ein Kapitel übersprang. (Lehrer in Bologna wurden sogar bestraft, wenn sie einen schwierigen Paragraphen am Ende der Stunde behandelten, «wenn dies geeignet ist, den pünktlichen Abgang mit dem Glockenschlag zu hindern».) Jeder Lehrer mußte bei der Bank der Stadt eine Summe Geldes hinterlegen, von der die Bußen abgezogen wurden.

An französischen und englischen Unversitäten waren die Studenten jünger, und die Lehrervereinigungen hatten die Oberhand. Sie untersagten den Studenten, zu fluchen und um Geld zu spielen, straften sie für das Übertreten der Sperrstunden und schrieben Tischmanieren vor. «Reinige deine Zähne», lautete eine Regel, «nicht mit dem Messer, das für die geschärft wurde, die mit dir essen.» Dennoch besaßen die Studenten eine Macht, mit der man rechnen mußte. So konnten sie einen Lehrer verlassen und zu einem anderen übergehen. Neulingen — Grünschnäbel genannt in Anspielung auf junge Vögel — wurde von den Älteren geraten, erst mehrere Lektionen anzuhören, ehe sie dem Lehrer Gebühren zahlten.

Ein Siegel des 13. Jahrhunderts der Universität Paris illustriert die Beziehung zwischen Religion und mittelalterlicher Gelehrsamkeit. Die Quelle der Erkenntnis wurde als göttlich angesehen, hier repräsentiert durch die thronende Mutter Gottes, einen Heiligen und einen Bischof.

Vorlesungen im Stroh. Universitäten beschwören im allgemeinen die Vorstellung efeubewachsener Gebäude und gepflegter Rasenflächen herauf. Die mittelalterlichen Universitäten boten jedoch nicht einmal den Anschein fester Quartiere. In Oxford und Cambridge wurde zunächst unter Vordächern am Straßenrand gelehrt, in Paris in den Kreuzgängen der Kathedrale und in Italien auf den Plätzen. Mit der Zeit mieteten die Lehrer Räume, und die Studenten hockten auf der Erde, die gewöhnlich zum Schutz gegen Feuchtigkeit mit Stroh bedeckt war. Unbelastet von Gebäuden, Bibliotheken und anderer Ausstattung, konnten die Universitäten so jederzeit leicht aufbrechen und ihren Sitz wechseln, wenn sie mit den Bürgern uneins waren. Cambridge wurde auf diese Weise durch Trennung von Oxford gegründet.

Solche Trennungen verliefen nicht immer friedlich. Die Studenten murr-

Studenten lauschen den Worten ihres Lehrers auf einem Relief von Notre-Dame, wo die Pariser Universität ihre ersten Vorlesungen abhielt.

Die im 12. Jahrhundert aufkommenden mittelalterlichen Universitäten hatten feste Traditionen, noch ehe sie feste Quartiere besaßen. Die ältesten noch heute erhaltenen Universitätsgebäude wurden im Jahre 1264 am Merton College, Oxford, begonnen. Merton erhielt auch Englands erste Universitätsbibliothek in den Jahren nach 1370. Zu dieser Zeit waren verschiedene Universitäten Europas bereits wegen bestimmter Fakultäten berühmt: Bologna für seine Rechtswissenschaft, Salerno für Medizin, Paris für Theologie. Schon damals schrieben Studenten ihre bis heute gleichgebliebenen Bittbriefe nach Hause: «Ich studiere ... mit dem größten Fleiße, aber der Mangel an Geld ist der Sache sehr hinderlich ...» Klassische Kritik an den Studenten übte bereits ein französischer Geistlicher: «Einige studieren nur, um Kenntnisse zu erwerben, das ist Neugier; andere, um Ruhm zu erlangen, das ist Eitelkeit; noch andere wegen des Gewinns ... Nur wenige studieren zu ihrer eigenen Erziehung oder zu der anderer.» Doch trotz solcher Probleme schufen die Universitäten des Mittelalters ein Vorbild von unschätzbarem Wert für spätere Generationen: sie stellten ein für allemal das Prinzip der geistigen Freiheit von Forschung und Lehre auf, das uns heute unverzichtbar erscheint.

ten über die hohen Preise für Kost und Logis, über Schmutz auf den Straßen und über die Qualität des Weins in den Tavernen. Die Stadtleute revanchierten sich, indem sie sich über das Auftreten der Studenten und Lehrer lustig machten. Oft arteten die Ressentiments in regelrechte Gefechte aus. Die städtischen Annalen von Paris und Oxford berichteten von blutigen Tumulten, bei denen die Gegner Schwerter, Spieße, Knüttel, Pfeile und Bögen brauchten und wobei Kübel mit heißem Wasser und Spülicht aus den Fenstern geschüttet wurden. Nach einem solchen Aufruhr in Paris im

Jahre 1229, bei dem mehrere Studenten getötet wurden, appellierten Lehrer und Schüler an den Bischof von Paris und den päpstlichen Legaten Papst Gregors IX. Wenn ihnen keine Hilfe zuteil werde, würden sie die Stadt geschlossen verlassen und sich über Europa zerstreuen. Schließlich schritt Gregor ein, denn die meisten Studenten waren Kleriker. Er erließ eine Bulle, die der Universität Vollmacht gab, ihre Angelegenheit selbst zu regeln, die Mieten festzusetzen und den Unterricht einzustellen, wenn ihre Rechte von der Stadt angetastet wurden. Die Drohung des Auszugs stellte danach eine wirksame Waffe dar, denn die Bürger fürchteten die mit dem Verlust der Universität verbundene Einbuße an Geld und gutem Ruf.

Der Tag des Studenten begann gewöhnlich zwischen 4 und 5 Uhr. Nach dem Besuch der Messe von 5 bis 6 Uhr hatte er Unterricht bis 10 Uhr, danach eine Pause für die erste Mahlzeit des Tages – ein wenig Rindfleisch und eine Fleischbrühe mit Hafermehl. Anschließend war Unterricht bis um 5 Uhr nachmittags, worauf man sich zu einem ebenso kärglichen Abendbrot begab. Danach wurde bis gegen 9 oder 10 Uhr studiert. In Cambridge stand am Tagesende «eine halbe Stunde Gehen und Laufen, damit [die Studenten] nicht mit kalten Füßen zu Bett gehen».

In Italien und Südfrankreich betrafen die Studien hauptsächlich römisches Recht oder griechische, arabische und jüdische Medizin, in Paris und England Theologie, kanonisches Recht und die freien Künste. Am Ende des Studiums, das meist 6 Jahre dauerte, standen die Prüfungen. Nach der halben Zeit wurde der Student von seinem Lehrer oder einem Lehrerkollegium mündlich geprüft. Bestand er diese Prüfung, wurde er *baccalaureus* und damit berechtigt, einem Lehrer als Assistent zu dienen. Mit der Vollendung seiner Studien erwarb er selbst die Lehrberechtigung.

Scholastische Disputationen. Neben den Vorlesungen gab es die Disputationen, bei denen zwei oder mehr Lehrer und beliebig viele Schüler Texte diskutierten, wobei sie sich der Methode Abélards, der Erfassung eines Themas durch Frage und Antwort, bedienten. Hieraus hat sich dann die mittelalterliche Scholastik entwickelt, ein Prozeß schrittweiser Erreichung logischer Schlüsse durch Fragen, Postulieren, Prüfen und Einordnen der Details in ein logisches System. Bei scholastischen Disputationen kam es oft zu heftigem Widerspruch und erbitterten Feindseligkeiten. Jahrelang lieferte man sich – Lehrer gegen Lehrer – wissenschaftliche Fehden, wobei die Anhänger jeder Partei ihren Helden durch wüstes Trampeln und Pfeifen anfeuerten. Trotz dieser Auswüchse blieb die Disputation das Kernstück des mittelalterlichen Lehrens. Sie übte die Studenten im Denken, setzte kritikloser Übernahme der Lehren der *auctores* ein Ende und führte zur Einordnung des Christentums in eine systematische Philosophie.

Im 13. Jahrhundert bedurfte das Christentum einer systematischen Philosophie. Die Schriften der alten Griechen spielten eine immer gewichtigere Rolle in Europa, untergruben den Glauben und begünstigten die Ketzerei. Aristoteles' *‹Logik›* stand voll zur Verfügung, seine *‹Metaphysik›* und seine wissenschaftlichen Werke waren entdeckt. Aristoteles' Lehren von der Natur und dem Universum führten zu Zweifeln an der Offenbarung. Aus Spanien verbreiteten die Werke des arabischen Philosophen Averroes und des jüdischen Philosophen Maimonides Skepsis, besonders an der Universität zu Paris.

Während die europäische Kunst des Mittelalters weitgehend im Dienste der Kirche stand, war die Kunst des Ostens eine weltliche und gesellschaftliche Kunst, die an Fürstenhöfen entstand. Diese Illustration stammt aus einem Bestiarium – einem Buch, das alle wirklichen und märchenhaften Tiere der Welt darstellte – und wurde für den persischen Herrscher Ghazan Khan Ende des 13. Jahrhunderts geschaffen. Die Erzählungen, aus denen «Tausendundeine Nacht» entstand, waren Volkskunst, Geschichten, die bei den Märchenerzählern von Generation zu Generation überliefert wurden und sich bei jedem Erzähler ein wenig änderten.

Thomas von Aquin. Die Kirche konnte sich nicht taub stellen. Um die Unruhe zu beseitigen, wurde Thomas von Aquin (1225–1274) von Italien nach Paris entstandt. Thomas war ein Dominikanermönch aus vornehmem Haus, mit glänzendem Verstande, unermüdlichem Fleiß und verbindlichem Wesen. Wie Abélard stellte er den menschlichen Verstand über alles, aber seine Ergebenheit gegenüber der Kirche hielt seiner Gelehrsamkeit die Waage. Er sah keinen Konflikt zwischen dem Glauben und den Erkenntnissen des Verstandes. Anstatt die Lehren Averroes', Maimonides' und Aristoteles' einfach abzulehnen, untersuchte er deren Schriften Punkt für Punkt, widerlegte einiges und brachte anderes mit dem Christentum in Einklang. Das Ergebnis war seine ‹*Summa Theologica*›, eine gewaltige Abhandlung von 21 Bänden, die sich mit den Themen der Logik, Metaphysik, Theologie, Psychologie, Ethik und Politik in christlicher Sicht befaßte. Mit dem aristotelischen Satz, daß jede Wirkung eine Ursache habe, jede Ursache eine frühere Ursache usw. bis zu einer Ersten Ursache, erklärte er, daß die Existenz Gottes bewiesen werden könne, indem man alle Schöpfung zurückverfolge bis zu einer Ersten Ursache oder einem Ersten Urheber. Ebenfalls mit Aristoteles verkündete er, daß das Ziel des Lebens die Erkenntnis der Wahrheit sei.

Platon und Sokrates, als Autoritäten gern zitiert, erscheinen in dieser Zeichnung als Wahrsager. Das Manuskript aus dem 13. Jahrhundert sprach Sokrates Fähigkeit zu, das Geschlecht eines noch ungeborenen Kindes vorherzusagen.

Trotz seiner Sanftmut erweckte Thomas einen Aufruhr, der denjenigen, zu dessen Beschwichtigung er entsandt war, an Heftigkeit noch übertraf. Erstens unterstellte er, daß die Erkenntnis nicht allein göttlicher Offenbarung entstamme, sondern ein freier Akt des gottgegebenen menschlichen Verstandes sei. Zweitens war es die Logik des Aristoteles, die ihn zu seinen Schlüssen geführt hatte. Zwar bewunderten Gelehrte und Theologen seit geraumer Zeit die Klarheit der aristotelischen Beweisführung, aber wenige waren willens, seine Philosophie mit dem Christentum zu vereinen. Der Bischof von Paris brandmarkte einen Teil der Behauptungen Thomas von Aquins als Ketzerei und drohte jedem mit Exkommunikation, der sie stützte. Ebenso verfuhren zwei nacheinanderfolgende Bischöfe von Canterbury.

Ein Mann aber stellte sich diesen Angriffen entgegen: Albertus Magnus, ein Dominikaner, der 20 Jahre zuvor der Lehrmeister Thomas von Aquins gewesen war. Im Alter von 84 Jahren machte er sich von Köln nach Paris auf und veranlaßte die Dominikaner, ihrem Ordensbruder beizustehen. Nachdem die Dominikaner 50 Jahre gekämpft hatten, erklärte die Kirche Thomas zum Heiligen und akzeptierte seine Schriften als in voller Übereinstimmung mit dem christlichen Dogma.

Der Thomismus behauptete sich nun neben der älteren christlichen Lehre, die Augustinus acht Jahrhunderte zuvor begründet hatte, daß nämlich alle notwendige Erkenntnis aus göttlicher Offenbarung komme, nicht aus Vernunftschlüssen, und daß es für die Erlösung wichtiger sei, reinen Herzens als von klarem Verstande zu sein. Diese Philosophie wurde im 13. Jahrhundert am klarsten von Bonaventura und von Duns Scotus formuliert. Bonaventura, später Ordensgeneral der Franziskaner, lehrte an der Universität zu Paris zu der gleichen Zeit, als Thomas dort weilte. Auch er war wohlvertraut mit den Werken des Aristoteles, machte aber im Gegensatz zu Thomas nicht den Versuch, sie der christlichen Lehre anzupassen. Bonaventura stellte Mystik über Vernunft, Erkenntnis war ihm weniger wichtig als Liebe.

Auch der Franziskaner Duns Scotus stellte die Liebe über den Intellekt. Er prüfte die Kraft des menschlichen Intellekts und kam zu dem Ergebnis, daß es unmöglich sei, durch den Verstand zur Gotteserkenntnis zu gelangen – eine Auffassung, mit der er sich ebenso zu Aristoteles wie zu Thomas von Aquin in Widerspruch setzte. Die rationale Lehre Thomas von Aquins und die intuitive Lehre Bonaventuras lebten fortan nebeneinander in der Geisteswelt. Schließlich behandelten die Universitäten Philosophie und Theologie als getrennte Wissenschaften, erstere als Produkt menschlichen Verstandes, letztere als Resultat göttlicher Offenbarung.

Verskünstler und Troubadoure. Auch Dichtung entstand an den mittelalterlichen Universitäten, wenn auch von weniger feierlicher Art. Damals wie heute hatten Studenten eine Ader für gewagte Scherze und Unsinn und verspotteten die Älteren. Dem späteren Mittelalter bot sich das frech-fröhliche Schauspiel der Goliarden, unbeschwerter, leichtfüßiger Scholaren, die muntere, gottlose Verse schrieben, in denen sie ihre Trinkgelage und amourösen Abenteuer feierten, die kirchlichen Bräuche parodierten und die Konventionen ihrer Zeit schmähten. Goliarden – der Name stammt vielleicht vom Lateinischen *gula*, «Gurgel» – gab es vor allem in Deutschland und Frankreich. Ihre Lieder jedoch, meist in Latein geschrieben, machten die Runde um die ganze christliche Welt. Zu denen, die sich erhalten haben, gehört das folgende:

Nur im Wirtshaus laß vom Tod
Ich mich attrappieren,
Sterbend soll ein Becher Wein
Mich noch delektieren;
Singend wird der Engel Chor
Dann für mich plädieren:
«Mög' der Herr dem Zechkumpan
Gnädig pardonnieren.»

Verskünstler anderer Art waren die Troubadoure, deren Kunst zuerst in Südfrankreich, in der Provence, zur Blüte gelangte. Die Troubadoure waren «literarische Pioniere» der Umgangssprache. Sie dichteten nicht in Latein, sondern in der Sprache des Alltags. Gleich den Goliarden waren sie Fahrende, gleich ihnen mißachteten sie die Kirche. Ihre Lieder galten jedoch nicht der Ausschweifung, sondern der Ritterlichkeit, und sie waren keine Scholaren, sondern Adlige und Höflinge. Der erste Troubadour war Wilhelm IX., Herzog von Aquitanien, ein früherer Kreuzfahrer und Lebemann, der nicht nur selbst Reime dichtete, sondern auch eine Dichterrunde um sich versammelte, zu der sich auch seine Enkelin, Eleonore von Aquitanien, gesellte. Eleonore war eine höchst temperamentvolle Dame. Als ihr Gemahl, König Ludwig VII. von Frankreich, sich auf den Zweiten Kreuzzug begab, kleidete sie sich und ihre Hofdamen in Hosen und Panzerhemden und brach ebenfalls auf, einen ganzen Schwarm von Troubadouren im Gefolge. Unterwegs, so behauptet die Sage, habe sie Liebesaffären mit ihrem Onkel, Raimund von Poitiers, und einem sarazenischen Sklaven gehabt. Wieder daheim, erwirkte sie die kirchliche Scheidung von ihrem königlichen Ehemann und heiratete Heinrich Plantagenet, der sie zwei Jahre später als Heinrich II. zur Königin von England machte. Die Troubadoure und ihre Kunst kamen über den Kanal mit ihr, und sie war trotz ihrer gelegentlichen Seitensprünge als Beschirmerin der Künste ein guter Geist für die Literatur des Mittelalters.

Die Troubadoure komponierten eigene Musik zu ihren Versen und

Der Liebesgott auf der Rückseite dieses aus Frankreich stammenden Elfenbeinspiegels thront im Himmel und verteilt seine Pfeile, wodurch die Sterblichen «in Liebe entbrennen».

engagierten Minnesänger, die sie bei Hof und auf Turnieren vortrugen. Die frühesten Gedichte besangen die Frauen und feierten verbotene Liebe. Mit der Zunahme gesitteter Lebensformen beim Adel wurden die Liebeleien, von denen die Ritter sangen, dichterischer und weniger realistisch. Die Poesie, die im 12. Jahrhundert von Sinnlichkeit beherrscht war, bekam im 13. Jahrhundert ein geistiges Gesicht.

Chanson und Minnegesang. In Nordfrankreich besangen *trouvères,* weniger aristokratisch und weniger fein gesittet als die Troubadoure, Heldentum und Abenteuer in Liedern, Balladen und *chansons de geste* über historische Begebenheiten, die ausgeschmückt und in Reime gebracht wurden. Alle diese *chansons* handelten irgendwie von Karl dem Großen, seinem Hof und seinen Nachfolgern. Dieses Genre schenkte der Welt eines der größten epischen Gedichte, das *‹Rolandslied›*, in welchem Roland, der Neffe Karls des Großen, von einem Sarazenen zu Tode getroffen, sich weigert, sein Horn zu blasen, um die Hilfe Karls des Großen herbeizurufen, bevor er stirbt.

Nach dem *chanson* kam der *roman,* ein Vorfahre des modernen Romans, in dem nun die Liebe neben dem Krieg ihren Platz in der Darstellung menschlicher Beziehung erhielt. So wuchsen die Erzählungen von König

Der Ritter war der unumschränkte Herr seines Schlosses – und seiner Frau. Viele Damen, denen dieser Zustand mißfiel, begrüßten die Auffassung einer neuen, höfischen Liebe, die von den Troubadouren im 12. Jahrhundert verbreitet wurde. Dieser Kult erleichterte das Los der Frauen, da er die Sitten der Männer verfeinerte. Die Formen waren genau festgelegt. Nach den Regeln mußte der Ritter heiter, feurig, verschwiegen und vor allem «artig» sein. Wie lange die Dame ihm ihre Gunst auch vorenthielt, er mußte seine Huldigung unverdrossen fortsetzen. Einer der ausdauerndsten Ritter, Ulrich von Lichtenstein (1200–1275), umwarb «seinen Schwarm» über die lange Zeit von 10 Jahren hin, ehe sie sich ihm hingab.

Artus und seiner Tafelrunde mit der Zeit zu Romanen an. Artus, ein legendärer König Englands im 6. Jahrhundert, verteidigte Westengland gegen die Sachsen. Die Sage von seinen Heldentaten ging von Mund zu Mund durch viele Generationen und verbreitete sich, von Wales ausgehend,

durch ganz England, Frankreich und Deutschland bis nach Italien. Im 12. Jahrhundert, als die Sage von Lanzelot und seiner Liebe zu Ginevra und der Suche nach dem Heiligen Gral sich gebildet hatte, übertrugen Robert of Wace und Chrétien de Troyes, *trouvères* aus Jersey und der

Ein Dokument mittelalterlicher Allegorien ist dieser Ausschnitt aus einer sechsteiligen Tapisserie (teppichartige Stickerei). Der Titel der Allegorie war: «Die Dame mit dem Einhorn». Die Tapisserie war ein Hochzeitsgeschenk; der Löwe stellte den Bräutigam, das Einhorn die Braut dar.

Champagne, die Artussage in französische Reime und formten die große Zahl von Einzeldarstellungen in Romane um.

England stand zu dieser Zeit noch unter normannischem Einfluß; man sprach und schrieb französisch. Englisch als Sprache setzte sich erst im 14. Jahrhundert durch mit Chaucers *‹Canterbury Tales›*, Reimerzählungen, die er reisenden Pilgern in den Mund legte, und mit William Langlands *‹Piers Plowman›*, einer allegorischen Satire auf die Reichen, die Gesetze und die Kirche.

Wie die Troubadoure zogen auch deutsche Minnesänger von Hof zu Hof. Der Minnesang stand in Blüte, bis die Landsitze hinter den Städten an Bedeutung zurücktraten. Statt dessen traten die Meistersinger auf, die aus den Schichten der Handwerker und Kaufleute kamen.

Die vom Bürgertum am meisten geschätzte Literaturgattung waren die *fabliaux* – kurze, metrische Erzählungen, die feudalistische Konventionen, weibliche List, menschliche Schwäche, kirchlichen Pomp und kirchliche Riten satirisch behandelten. Sie waren ein deutliches Zeichen schwindenden Respekts vor der Autorität. Sie spießten menschliche Schwächen, wie Verlogenheit und Geiz, auf und verspotteten sie in der Sprache des Alltags. Die verhöhnte Gesellschaft verbirgt unter überkommenen Konventionen eine Vielzahl von Sünden, so auch im Europa des 13. Jahrhunderts. Der Feudalismus artete aus. Die höfische Liebe war mehr Affektiertheit als echte Neigung, und die Geistlichkeit sah mehr auf Gold als auf goldene Regeln. Die mittelalterlichen *fabliaux* waren ein Zeichen der wachsenden Unruhe.

Dante Alighieri. Zu Beginn des 13. Jahrhunderts siedelten etliche Troubadoure nach Italien über. Hier formten sie in weniger als einem Jahrhundert die Sprache, die Dante als «erhaben, trefflich, fein und balsamisch» bezeichnen und welche die *‹Göttliche Komödie›* hervorbringen sollte.

Dante Alighieri wurde 1265 als Sohn eines verarmten Florentiner Adligen geboren. Mit neun Jahren entbrannte er in Liebe zu Beatrice, einer Patriziertochter, die für den Rest seines Lebens sein Herz erfüllte und seine Feder führte. Mit 30 Jahren wurde er in den Rat der Stadt gewählt, später jedoch, nach einem Staatsstreich der Opposition, verbannt. Verbittert und heimatlos lebte er 19 Jahre lang im Exil und schrieb bald in Latein, bald in Italienisch über Politik, Liebe und Philosophie. Als er schließlich sein Hauptwerk verfaßte, nannte er es schlicht *‹Commedia›*, weil – wie er erklärte – die Handlung von Verzweiflung zu Seligkeit führe und «in einer nachlässigen, einfachen Sprache geschrieben sei, wie sie auch Hausfrauen gebrauchten».

Dantes unsterbliche Dichtung berichtet über seine Fahrt durch Hölle und Purgatorium, geleitet von Virgil, und seinen Einzug in den Himmel mit dem Geist Beatrices. Auf seiner Reise führt er nach Art der Philosophen Gespräche über Gut und Böse. Er bevölkert Hölle und Purgatorium (Fegefeuer) mit ruchlosen Päpsten und Staatsmännern in der Art der Satiriker. Seine Liebe zu Beatrice erscheint vergeistigt wie die der Troubadoure. Das Ganze ist in ein mystisches, theologisches Schema eingesponnen. Er beschreibt die Hölle als so fürchterlich, wie die abergläubische Vorstellung des Volkes sie sich malte. Doch durch die Wahl Virgils zum Begleiter auf dem Wege zur Erlösung zeigt Dante Verehrung für leidenschaftslose Weisheit und klassische Anmut in der Art der kommenden Renaissance. Die *‹Göttliche Komödie›* ist der literarische Höhepunkt des Mittelalters, denn in ihr vereint sich die Blüte mittelalterlichen Denkens mit dem Denken der heraufdämmernden Renaissance.

Mit Dante begründeten Petrarca und Boccaccio die italienische Literatur. Als Dante zu Beginn des 14. Jahrhunderts dichtete, waren diese noch Jünglinge, die erst mit der Renaissance heranreiften. Petrarca teilte Dantes herbes Temperament, nicht jedoch seinen Hang zu Mystik und Allegorie. Er glorifizierte das weltliche Sinnenleben. Boccaccio schrieb wie Dante von Gut und Böse, nahm die menschliche Vielfalt aber, wie sie war, ohne dabei von Dantes unstillbarer Sehnsucht nach Vollkommenheit erfüllt zu sein.

Die Mehrzahl der mittelalterlichen Menschen tröstete sich über die Schwere des Erdendaseins hinweg mit Hoffnungen auf ein besseres Leben im Jenseits. Zunehmend gab es aber Humanisten, die auch das zeitliche Trachten des Menschen achteten und sein diesseitiges Wohl zu fördern suchten. Mit der Renaissance traten diese humanistischen Anschauungen einen Siegeszug an, der noch heute anhält. Der Humanismus erschien nicht unerwartet auf dem Plan, er war ein Vermächtnis solcher Männer wie Gerbert und Fulbert, des wagemutigen Abélard und des kühnen Thomas von Aquin. Dante erntete, was sie in ihrer Zeit gesät hatten, und wurde somit unumstritten zum geistigen Höhepunkt des Mittelalters.

Es war ein Zeitalter, das mit dem schweigenden Schreiben der Mönche begonnen hatte und in den heiteren Liedern der Troubadoure gipfelte. Es begann mit schlichter Ergebenheit gegen die *auctores*, ging über zu nüchterner Erforschung des Glaubens und endete mit unfrommer Verspottung von Kirche und Staat. Aberglaube und Unwissenheit waren noch nicht gewichen, aber Bildung wurde schließlich ein allgemeines Anliegen.

6. Vom Glauben inspirierte Kunst

«Die Kunst ist ein Enkelkind Gottes», schrieb Dante, und seinen Zeitgenossen war wohl bewußt, was er damit sagen wollte. Man war überzeugt von einer Beziehung zwischen Schöpfung und eigener Schöpfungskraft. Gott hatte den Menschen geschaffen, daher war das vom Menschen Geschaffene von Gott nur durch eine Stufe getrennt und mußte seiner würdig sein.

Infolge dieser Überzeugung verlieh das Mittelalter seinen Werken größtmögliche Schönheit, nicht «um der Kunst willen», wie es die Griechen getan hatten, sondern zur Verherrlichung Gottes. Der Baumeister weihte sich der Erbauung eines Gotteshauses. Bildhauer, Maler, Gold- und Silberschmiede und andere hochbegabte Handwerker arbeiteten hingebungsvoll in Holz, Glas und Stein, um das Gotteshaus zu schmücken. Die Musiker komponierten, um den Gottesdienst zu verschönern. Alle erfüllte das gleiche Ziel: mit dem Geschaffenen die Herrlichkeit des Schöpfers zu preisen.

Kniend vor reichgeschnitzten Altären, umgeben von schönen Bildwerken im gebrochenen Licht der Glasfenster, fühlten die mittelalterlichen Menschen sich erregt und erhoben. Solche Gefühle zu erwecken war der Zweck der Kunst, und insoweit war die aus dem Glauben geborene Kunst ebenso funktionell wie die Kunst, die heute im Dienste des modernen Handels Wolkenkratzer errichtet.

Gedanken – «in Stein geschrieben». Die Kunst hatte noch eine weitere Aufgabe: sie sollte alles kundtun, was man wußte und dachte. Victor Hugo (1802–1885) bemerkte: «Im Mittelalter hatten die Menschen nicht einen großen Gedanken, den sie nicht in Stein niederschrieben.» Von Türmen, Mauern, Fenstern und Wölbungen, von Plastiken, Mosaiken und Wandmalereien der Kathedralen – der Krönung mittelalterlicher Kunst – sprechen nicht nur Glauben und Ideale der Menschen, sondern auch ihre Vorstellungen und Ängste, ihr Wissen, ihre Geschichte, ja sogar ihr Unmut: in einem Relief der Kathedrale von Amiens zeigt ein Bildhauer,

Die Kunst, farbiges Glas zu machen, stand im 12. Jahrhundert in hoher Blüte. Das Grundmaterial der Glasmacher war Quarzsand, Salz und Asche. Diese Mischung wurde zu einer flüssigen Masse geschmolzen und dann mit Metalloxiden eingefärbt: Kupfer für Rot, Eisen für Gelb, Kobalt für Blau.

Ci comence li force des trais de
portraiture si con li ars de iometrie
les ensaigne por legierement ovrer.
et en lautre fuel sont cil de le maçonerie.

empört über feudale Arroganz, eine Edelfrau, die ihren Knecht in den Magen tritt.

Außer zum Lobe Gottes und zum Ausdruck menschlicher Gedanken diente die mittelalterliche Kunst noch einem weiteren, weniger erhabenen Zweck. Die Schwäche des Stolzes beherrschte auch den Menschen des Mittelalters. Durch seine künstlerischen Schöpfungen suchte er zu beweisen, daß er und seine Mitbürger frommer und daher der Gaben Gottes würdiger waren als die Bürger der Nachbarstadt. Die Türme seiner Kathedrale mußten die höchsten sein, ihr Schmuck der reichste.

Die Vorläufer der großen Kathedralen entstanden, als Kaiser Konstantin im Jahre 313 das Christentum zur Staatsreligion des römischen Imperiums machte und sich später selbst dazu bekannte. Die Christen konnten nun ihre Gottesdienste außerhalb der Katakomben oder der Verborgenheit in Privathäusern abhalten. Um für die sanktionierte Religion einen angemessenen architektonischen Rahmen zu schaffen, übernahmen die Kirchenbauer den Typ der heidnischen Basilika, eines weiten, rechteckigen Raumes mit langem Mittelschiff, Seitenschiffen und Apsis, der den Römern als Markthalle und Gerichtshof diente. Wenige Änderungen paßten die Basilika dem christlichen Ritus an. Die Kirchen wurden mit dem Altar in der Apsis nach Osten – in Richtung auf Jerusalem – ausgerichtet. Der Eingang wurde von der Seite des Gebäudes nach Westen verlegt, so daß der Gläubige beim Betreten der Kirche auf den Altar schaute. Dessen Bedeutung als visueller und räumlicher Endpunkt wurde betont durch die Säulenreihen, die das Mittelschiff flankierten. Mit der Zeit fügte man zu Seiten des Schiffes Erweiterungen an, die dem Grundriß die Form eines Kreuzes gaben und damit den klassischen Grundriß für den Kirchenbau bis auf unsere Tage lieferten. Äußerlich unverziert, gebrach es den von Konstantin erbauten Kirchen nicht an innerer Pracht. Zwar besaßen sie keine lebensgroßen Bildwerke wie die heidnischen Basiliken, weil man damals noch an dem hebräischen Verbot der bildlichen Darstellung Gottes festhielt. Aber das Licht spiegelte sich in kostbar poliertem Marmor und in goldbunten Mosaiken auf den weiten Wandflächen. Auch hier knüpften die Erbauer an die Kunst der Vergangenheit an, und zwar an die um die 3000 Jahre älteren Mosaikschöpfungen der Sumerer.

Architekturzeichnungen des 13. Jahrhunderts aus dem Skizzenbuch Villards de Honnecourt gehen geometrischen Formen in menschlichen, tierischen und baulichen Motiven nach. Unter seine Skizzen schrieb Honnecourt: «Hier beginnt die Zeichenmethode, wie sie die Kunst der Geometrie lehrt, um die Arbeit zu erleichtern. Andere Blätter folgen über die Methode des Mauerns.» Dieses Skizzenbuch ist zugleich ein einzigartiges technisches Handbuch und ein interessantes Architekturdokument der Zeit. Auf vielen Reisen konnte Villard aus nächster Nähe die Errichtung der großen gotischen Kathedralen in Reims und Chartes beobachten. Mit Begeisterung zeichnete er alles, was er sah.

Konstantin begünstigte und finanzierte Dutzende solcher Kirchenbauten – in Nordafrika und Kleinasien ebenso wie in Rom, wo ihr Stil sich in Sankt Paul vor den Mauern und in Santa Maria in Trastevere erhalten hat.

Die Hagia Sophia. Zwei Jahrhunderte später kam unter Kaiser Justinian das Goldene Zeitalter der byzantinischen Architektur mit seinen Polygonalbauten. Als Justinian im Jahre 527 den oströmischen Thron in Konstantinopel bestieg, war er ein überzeugter Christ ebenso wie ein ungewöhnlich tatkräftiger Förderer der Künste. Sein Einfluß bestimmte für längere Zeit Architektur und Geistesgebäude der Christenheit.

Beim Bau der Hagia Sophia («Heilige Weisheit»), des unübertroffenen Meisterwerks der byzantinischen Baukunst, vereinigte Justinian den Typ der Kuppelkirche mit der römischen Basilika. Die Kuppel galt im Nahen Osten und im Orient als Symbol des Göttlichen. Mit 54 m Höhe, genial gestützt durch Gewölbekonstruktionen, scheint die Kuppel der Sophienkirche wahrhaft zu schweben. 40 Fenster, die sie säumten, und 40 silberne Kronleuchter dienten der Beleuchtung eines Innenraumes voll von kostbaren Marmorinkrustationen, schimmernden Mosaiken und Fresken.

Zehntausend Arbeiter brauchten fünf Jahre lang – mit einem Kostenaufwand von heute weit mehr als einer halben Milliarde DM –, um die Hagia Sophia zu errichten. Nachdem die Kirche vollendet war, rief er von der Kanzel: «Ehre sei Gott, der mich würdig befand, ein so großes Werk zu vollbringen! Oh, Salomo! Ich habe dich übertroffen!»

Die Großartigkeit des Justinianschen Kunstsinnes sollte sich in der Christenheit jahrhundertelang nicht wieder finden. In der Völkerwanderungszeit war das mittelalterliche Europa einzig damit beschäftigt, zu überleben. Die ästhetischen Impulse der Menschen fanden damals Ausdruck in weniger großartigen Tätigkeiten als dem Kirchenbau. Dennoch ergaben sich auch hieraus Keime für die spätere mittelalterliche Kunst. Die andringenden Heiden leisteten beachtliche Kulturbeiträge durch ihr Talent in der Metallbearbeitung und beim Holzschnitt, die sie auf Gegenstände anwandten, die klein genug waren, um sie im Umherziehen mitzunehmen. Das deutsche Kunsthandwerk bevorzugte tierische Motive, reale oder erfundene, fein eingesponnen in geometrische Muster. Diese Zeichnungen gingen ein in die pergamentenen Manuskripte der christlichen Texte, später dann in Bildhauerei und Malerei der romanischen Kirchen. Deutliche Spuren der heidnischen «Tierornamentik», wie sie die Kunsthistoriker nennen, erscheinen in zwei außerordentlich kostbaren Manuskripten der Zeit, der ‹*Lindisfarne-Bibel*› und dem ‹*Buch von Kells*›, so genannt nach den keltischen Klöstern, in denen sie um 700 und 800 entstanden.

Kalligraphie. Die Schreibstuben der Klöster, ursprünglich gedacht als Werkräume, in denen die Kopisten die christlichen Schriften vervielfältigen konnten, wurden zu Zentren künstlerischen Schaffens. Die Bibel zur Verbreitung des Evangeliums nur abzuschreiben war zu wenig. Die Kopien wurden selbst zum Gegenstand der Verehrung, dessen Schönheit die Bedeutung des Inhalts unterstreichen mußte. Die Mönche wurden zu wahren Spezialisten; die *antiquarii* waren Meister der Kalligraphie, die *rubricatores* schmückten die Initialen, und die *miniatores* illuminierten die Ränder der Texte. Ihre Malereien christlicher Themen waren nicht nur Meisterwerke der Präzision, sondern räumten auch mit alten Vorurteilen auf. «Mache kein Bildwerk von Christus», hatte Asterius von Amasia im 3. Jahrhundert mahnend geschrieben, «die Erniedrigung der Inkarnation, der Er sich aus freiem Willen um unsertwillen unterzog, war Leid genug für Ihn.» Im 6. Jahrhundert entschied jedoch Papst Gregor der Große, daß «Malerei für den Analphabeten bedeutet, was Schrift für den Lesenden ist», und die Miniaturisten arbeiteten in der Gewißheit, daß ihre Bemühungen der Verbreitung des Glaubens dienten.

Kirchenmusik. Gregor war es auch, der der Kirchenmusik neue Impulse gab. Der liturgische Gesang war von jeher Teil des christlichen Gottesdienstes gewesen. Die Musik, aus griechischen, römischen und jüdischen Quellen, in einfachster Monophonie für bescheidene Sänger einstimmig geschrieben und in freiem, fließenden Rhythmus gesungen, hatte dennoch fesselnde Macht und Ausdruckskraft. Zu Gregors Zeiten wurde diese *musica plana* – einfacher Gesang – reorganisiert und aufgezeichnet. Um ihre einheitliche Übung zu sichern, sandte man von der Schola Cantorum in Rom Lehrer aus. Sie wurden freudig aufgenommen, wenn auch gelegentlich Schwierigkeiten auftraten. Beispielsweise konnten die Deutschen die feinen Modulationen nicht singen, weil – wie berichtet wird – ihre Kehlen «heiser waren vom vielen Trinken». Der Gregorianische Gesang ist noch heute die offizielle liturgische Musik der römisch-katholischen Kirche. Sie diente auch als Basis der komplizierteren Musik späterer Jahrhunderte, als erfinderische Mönche nicht nur Variationen in die Gesänge einfügten, sondern ihnen auch Mehrstimmigkeit gaben.

Gregors Begriffe von der Bedeutung der Künste waren zu seiner Zeit und für weitere zweihundert Jahre einzigartig. Es gab niemand von so weitgespannten Interessen und so starker Kraft zu deren Durchsetzung bis zur Zeit Karls des Großen. In dem Bemühen, den Ruhm des wiedererstandenen Reiches zu mehren, gewährte Karl jeder künstlerischen Aktivität seinen persönlichen Schutz. Der von ihm geförderte schöpferische Aufschwung – die Karolingische Renaissance – war kurzlebig, aber äußerst fruchtbar, wobei zum erstenmal römische, keltische, germanische und byzantinische Elemente miteinander verschmolzen. Die karolingische Kunst war zu einem guten Teil Kleinkunst, die in Elfenbeinminiaturen, kolorierten Manuskripten und Bucheinbänden aus Gold und edelstein-

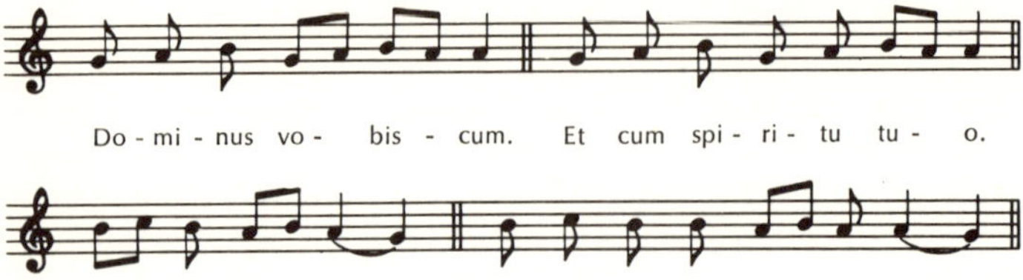

Der Gregorianische Gesang wird nicht von Instrumenten begleitet. Auf dem rechts abgebildeten Gesangbuchblatt aus dem 14. Jahrhundert ist die C-Linie zu Beginn jeder vierten Zeile durch einen einfachen Notenschlüssel angegeben – zwei notenartige Zeichen flankieren die Linie. Stehen sonst zwei Noten übereinander, wird die untere zuerst gesungen. Zum Vergleich sind die letzten vier Linien der linken Textseite oben in heutiger Notenschrift wiedergegeben. Die Schrift hat sich inzwischen geändert – die Noten haben heute Zeitwerte und werden auf fünf Zeilen geschrieben –, die Musik aber ist die gleiche geblieben. Der Text der umgeschriebenen Zeilen heißt: «Der Herr sei mit Euch. Und mit Deinem Geiste. Erhebt Eure Herzen. Wir erheben sie zu Gott.»

besetztem Emaille Ausdruck gewann. Bedeutungsvoller für die Zukunft wurde die Wiederaufnahme des Kirchenbaues.

Der Turm als Bauelement. Ein wichtiger Beitrag der karolingischen Architektur zum Kathedralenbau des späteren Mittelalters war die Einbeziehung des Turmes in den Bau. Zwar hatten die Kirchen schon seit dem 6. Jahrhundert Türme besessen, die wichtig für die Verteidigung waren und als Platz für die Glocken dienten, welche die Gläubigen zum Gottesdienste riefen. Unter Karl dem Großen jedoch erhielten die Kirchen mannigfaltige Türme – Glockentürme, Treppentürme und Wachttürme. Die Rolle des Turms war so bedeutend, daß ein Landesherr im Streit mit den Bewohnern der nahen Stadt keine schlimmere Demütigung ersinnen konnte, als den Turm ihrer Kirche zu kappen.

Zwillingstürme überragten die königliche Pfalzkapelle, die Odo von Metz – der erste nordische Baumeister, dessen Namen man kennt – um 800 für Karl den Großen in Aachen erbaute. Wahrscheinlich hatte Karl der Große sie als Grabmal für sich ausersehen; jedenfalls war sie die bedeutsamste Bauleistung Europas seit Jahrhunderten. Bei seinen Aufenthalten in Italien hatte der fränkische Herrscher die Konstantinsbasilika in Rom und Justinians San Vitale in Ravenna – vollendet 547, ein Jahrzehnt nach der Hagia Sophia – kennengelernt. Die Aachener Kapelle nahm Anregungen von beiden auf und fügte den römischen und byzantinischen Elementen eigene Erfindungen hinzu. Sie hatte den polygonalen

Grundriß des byzantinischen und die schweren Pfeiler, großartigen Rundbögen und erhabenen Rhythmen des römischen Stils. Die paarweise Anordnung der Türme vor dem Bau war neu. Diese betonten so sehr den

Im 11. und 12. Jahrhundert baute man große Gebäude – vor allem Kirchen – in romanischem Stil. Es entstanden zahlreiche landschaftliche Sonderformen – toskanische, sizilianische, rheinländische und normannische Romantik –, aber alle hatten gleiche Charakteristika. Weil die hölzernen Dachstühle oft Feuer fingen, wölbte man die romanische Kirche mit einem Halbzylinder aus Steinen ein, dessen Gewicht allerdings manchmal die Mauern auseinanderdrückte und zum Einsturz brachte. Zum Ausgleich verdickte man die Mauern an den Hauptdruckpunkten, verstärkte die Pfeiler und ließ nur wenige kleine Fenster ein. Da die Wölbungen römischen Vorbildern entsprachen, nannte man den Baustil «romanisch».

Eingang, den sie flankierten, daß sie als «Fassade» zu einer eigenen monumentalen Einheit wurden. Solche Eingangsanlagen, Westwerke genannt, sollten zu einem wesentlichen Bauelement auch der Kathedralen werden; der Gläubige wurde schon im Näherkommen durch ihren Anblick von tiefer Ehrfurcht ergriffen.

Romanische Kirchen. Obwohl weit um sich greifende Anarchie die späteren Jahre der karolingischen Dynastie kennzeichnete, hatte Karl der Große die alten Quellen der Schaffenskraft so nachdrücklich belebt, daß sie nicht wieder versiegten. Der Bau seiner Kapelle hatte kühne Maßnahmen erfordert wie das Heranschaffen von Steinmassen, Säulen und Bronzegittern quer über die Alpen. Die Überwindung dieser Schwierigkeiten blieb im Gedächtnis und spornte zu noch kühneren Taten an, die mit der Errichtung der romanischen Kirchen, den Vorboten des Goldenen Zeitalters der mittelalterlichen Architektur, und der gotischen Kathedralen, die deren Höhepunkte bildeten, vollbracht wurden.

Die romanische Phase begann um die Mitte des 11. Jahrhunderts, in einer Zeit allgemeiner Wiederbelebung. Die weitverbreitete Annahme, daß die Welt im Jahr 1000 n. Chr. – dem Jahrtausend der Apokalypse – untergehen werde, hatte sich zum Glück nicht erfüllt. Die Kirche reformierte ihre Mißstände. Durchdrungen von einem neuen Glaubensgefühl,

begannen die einfachen Leute lange Pilgerfahrten zu den großen Heiligtümern der Christenheit. Man brauchte unterwegs Stätten, wo man rasten und beten konnte. Als Folge hiervon ergriff Europa eine regelrechte Bauwut, ein *morbus aedificandi,* wie ein zeitgenössischer Chronist sich ausdrückte. Nach Schätzungen wurden allein in Frankreich im 11. Jahrhundert 1587 Kirchen gebaut. Der cluniazenische Mönch Raoul Glaber schrieb, daß «es war, als habe die Welt die alten Zeiten abgeschüttelt und kleide sich nun überall in ein weißes Gewand von Kirchen».

Unter diesem Antrieb entwickelte sich der romanische Stil zur Reife. Es entstanden zahlreiche landschaftliche Sonderformen – toskanische, sizilianische, rheinländische und normannische Romanik –, aber alle hatten gleiche Charakteristika: als Baumaterial dienten anfangs Ziegel oder Feldsteine, da die Erbauer noch nicht mit schweren Steinen umgehen konnten. Weil die hölzernen Dachstühle oft Feuer fingen, wölbte man die romanische Kirche mit einem dicken Halbzylinder aus Stein ein, dessen Gewicht allerdings manchmal die Mauern auseinanderdrückte und zum Einsturz brachte. Zum Ausgleich verdickte man die Mauern an den Hauptdruckpunkten, verstärkte die Pfeiler und ließ nur wenige kleine Fenster ein. Da die Wölbungen rund waren wie bei den römischen Bauten, bezeichnete man den Stil als Romanik.

Das romanische Kircheninnere glich den Mangel an Licht durch schim-

Der romanische Stil blieb schwer und «erdgebunden». Die gotische Architektur überwand und löste Probleme, die das Romanische niemals ganz bewältigt hatte. Um die Mitte des 12. Jahrhunderts entdeckte man, daß man bei Zuspitzung des Bogens die Gewölbe viel höher ziehen konnte als bisher. Schlanke Pfeiler, durch Strebewerk gestützt, trugen das gotische Gewölbe, die Mauern erhielten jetzt zahlreiche Fenster.

mernden Farbenglanz aus. Die Wände waren mit Stickereien behangen und leuchtend grün, blau oder purpur bemalt; gleiche Farben bedeckten Säulen und Gewölbe. Leuchter spendeten goldenen Schein. Die Bilder der Heiligen waren vergoldet, die reich ausgeschmückten Bücher des Gottesdienstes in geschnitzte Elfenbeindeckel oder solche aus Gold und Edelstein eingebunden, die Reliquienschreine reich mit den schönsten Gemmen bestückt, Abendmahlskelche mit Emaille verziert oder mit Rubinen, Smaragden, Saphiren und Perlen besetzt.

Auch die Bildhauerkunst diente dazu, die Strenge der romanischen Formen zu mildern. Nach langem Brachliegen blühte die Steinmetzkunst mit einer Üppigkeit, die sich oft jeder sichtbaren Fläche bemächtigte. Die klassischen Proportionen blieben dabei außer Betracht; die Figuren wurden gebogen, verdreht, gelängt oder gekürzt, je nach dem Platz, für den sie

bestimmt waren. Wie der Miniaturist in seinem Schreibzimmer fühlte auch der Steinmetz sich berufen, gleichermaßen zu unterrichten wie zu schmükken. An den Kapitellen der Säulen, im Kircheninnern und draußen an den Portalen breitete man eine Fülle von Darstellungen aus. Religiöse Themen herrschten vor, schlossen andere aber nicht aus. Um 1125 fühlte sich der mächtige Abt Bernhard von Clairvaux zu klagen bewogen: «Wozu diese unsauberen Affen, diese wilden Löwen und monströsen Kentauren, diese Halbmenschen, diese kämpfenden Ritter und hornblasenden Jäger? ... Die Vielfalt der Figuren ist so groß, daß wir mehr geneigt sind, im

Marmor zu lesen denn in unseren Büchern, und den ganzen Tag mit der Bewunderung dieser Dinge zubringen, anstatt über die Gebote Gottes nachzudenken. Um Gottes willen, wenn die Menschen sich dieser Narrheiten nicht schämen, warum scheuen sie nicht wenigstens die Kosten?»

Zu den größten romanischen Kirchen gehörten diejenigen, die mit Klöstern verbunden waren. Die Klöster verfügten damals über Geldquellen, die jene der Bischöfe in den Städten weit überstiegen; auch erhielten sie reichliche Unterstützung durch bäuerliche Arbeiter. Obgleich die Erbauer und ihre Helfer aus Erfahrungen und Irrtümern lernten, waren die technischen Erkenntnisse begrenzt. Das Romanische blieb schwer und erdgebunden. Die gotische Architektur überwand diese Beschränkung und löste Probleme, die das Romanische niemals ganz bewältigt hatte.

Gotik. Die Charakteristika des gotischen Stils — der Spitzbogen, das Rippengewölbe, der Strebepfeiler — waren, genaugenommen, nicht seine Erfindungen. Hier und da hatten wagemutige romanische Baumeister schon damit experimentiert. Weil — nach einfachen mathematischen Gesetzen — die Höhe eines Rundbogens beschränkt war auf die Hälfte der Breite seiner Basis, versuchten sie eine größere Höhe durch einen zugespitzten Bogen zu erreichen, den man beliebig erhöhen konnte, solange man sein Spannungsverhältnis richtig einschätzte. Sie hatten Steinrippen benutzt, um Gewölbe zu bilden, und Strebewerk, um den Druck der Gewölbe und des schweren Daches aufzufangen. Das Verdienst des gotischen Baumeisters lag im Verbessern dieser Merkmale, in ihrer Verfeinerung und vor allem in der Verschmelzung aller Details zu einem harmonischen Ganzen.

Das Rippengewölbe und der Spitzbogen wurden zu den Hauptelementen dieser Einheit. Die Stützung durch Mauerwerk von außen wurde verbessert; steinernes Strebewerk schwang sich durch die Luft, legte sich an die Kirche an und stützte den Bau gerade dort, wo das Dach und die Gewölbe den stärksten Druck auf die Hochwand des Kirchenschiffs ausübten. Sobald der gotische Baumeister größere Präzision in der Berechnung von Zug, Schub, Druck und Gegendruck erreicht hatte, ersetzte er die massigen Pfeiler der Romanik durch Pfeilerbündel; die dicken Mauern wichen hohen Wänden mit gewaltigen Fenstern, und Gewölbe und Türme stiegen immer höher. Wo das Romanische massiv, verschlossen und dumpf gewirkt hatte, war das Gotische graziös, weiträumig, wunderbar licht. Erst mit dem Wolkenkratzer des 20. Jahrhunderts sollte die Architektur wieder ein solches Kunststück zuwege bringen. Eine Ironie der Weltgeschichte ist es,

Zwischen 1170 und 1270 wurden mehr als 500 französische Kirchen im gotischen Stil erbaut. Eine der schönsten entstand 90 Kilometer südwestlich von Paris — die Kathedrale Notre-Dame von Chartres.

daß die Gotik ihren Namen aus Verachtung erhielt. Er sollte an die barbarischen Goten erinnern, denn die Menschen der Renaissance, die diese Bezeichnung erfanden, verachteten die gotischen Baumeister, weil sie klassische Maße der alten Griechen und Römer nicht eingehalten hatten.

Kathedralen und Nationalgefühl. Als deutlich neuer Stil zeigte sich die Gotik zuerst bei der Restaurierung der Abteikirche St. Denis bei Paris. Die Wiederherstellung begann im Jahre 1137; 1144 weihten 14 Bischöfe und 5 Erzbischöfe die Altäre, und König Ludwig VII. und 12 seiner Ritter spielten die Rolle Christi und der Apostel. Dies Ereignis bedeutete für den Abt von St. Denis, Suger (1081—1151), der den Wiederaufbau geplant und geleitet hatte, einen echten Triumph. Suger war ein Mann einfacher Herkunft und glänzender Begabung, der nicht nur im kirchlichen Amte, sondern auch in königlicher Gunst hochgestiegen war. Die alte Abtei, der er vorstand, ist der Ort gewesen, an dem Karl der Große und sein Vater Pippin eingesegnet worden waren, auch lagen hier Pippin und sein Vater, Karl Martell, begraben. Eingedenk dieser Beziehungen zu den ersten großen Frankenherrschern fand Suger, daß ein imposanter Kirchenbau außer zu geistlichen Zwecken auch noch dazu dienen könnte, das Nationalgefühl seiner Landsleute zu beflügeln.

Im Verfolg dieser Vorstellung scheute Suger keine Mühe. Er wählte persönlich die Stämme für das Balkenholz aus. Er versammelte die besten Baumeister, Künstler und Handwerker, die Europa zu bieten hatte, und ließ ihren Ideen freie Entfaltung, wenn auch seine eigene Planung das Ganze beherrschte. Er führte ein Tagebuch über die Fortschritte des Baues und verzeichnete darin äußerst genau alle Details, so daß es heute eine reiche Quelle für die Kenntnis gotischen Bauens darstellt. Beispielsweise vermerkte er, daß sich ein heftiger Sturm gerade zu dem Zeitpunkt erhob, als «die Gurtbögen noch freistanden und noch nicht durch die Masse der Gewölbe zusammengefügt waren. Rasende Böen warfen sich gegen die Gurtbögen, die weder eingerüstet waren, noch Stützen hatten.» Die neuen, spitzen Rippenbögen widerstanden dem Unwetter — ein Phänomen, das Suger dem rechtzeitigen Eingreifen des Herrn und der Heiligen zuschrieb.

Suger beschrieb seine Gefühle beim Anblick des restaurierten Baues mit Worten, die in späteren Würdigungen der Gotik kaum einen treffen-

Im Jahre 1260 wurde die große Kathedrale von Chartres endgültig geweiht. Tausende kamen; der Menschenstrom fand leicht Platz in dem gewaltigen Kircheninnern, das man auf dieser Aufnahme sieht. Zu beiden Seiten des Schiffes streben die vielgliedrigen Pfeiler aufwärts und schwingen aus in den Kreuzrippengewölben 37 Meter über dem Boden. Zwischen diesen Stützen lösen sich die Wände der Kirche auf in den Lichtströmen der Glasfenster.

deren Ausdruck gefunden haben: «Mir war, als befände ich mich in einem fremden Teil des Universums, der weder ganz von dieser Erde noch ganz von himmlischer Verklärtheit erfüllt war, aber durch die Gnade des Herrn schien ich auf mystische Weise emporgehoben aus unserer niederen in eine höhere Sphäre.»

Kurz nachdem der neue Bau von St. Denis den Weg gewiesen hatte, begannen die Arbeiten an den Kathedralen in Sens, Senlis und Noyon und im Jahre 1163 an Notre-Dame in Paris. Überall gerieten Bischöfe und Städte in Wettstreit um die Errichtung des größten und höchsten Bauwerkes. Man war darauf aus, alle Rekorde zu brechen. Siena beschloß – nach Betrachtung des Florentiner Doms –, die eigene Kirche als bloßes Querschiff einer neuen Kathedrale zu benutzen. Notre-Dame in Paris erhielt ein Gewölbe von 35 Metern. Chartres, begonnen 1194, überbot dies mit 37 Metern, um wiederum von Reims mit 37,5 Metern und Amiens mit 42 Metern übertrumpft zu werden. Beauvais, eifersüchtig auf Amiens, versuchte es noch höher, aber das Gewölbe brach zusammen. Unverzagt errichtete man ein neues Gewölbe, das aber 1284 erneut einstürzte. Immer noch ungebrochen, versuchte Beauvais es abermals mit einer Höhe von 47 Metern, jedoch verließen die Stadt die finanziellen Kräfte, wie viele Städte, und man vollendete nur den Chor der Kirche.

Planung, Finanzierung und Bau. Der Kathedralenbau wurde auf mannigfache Weise finanziert. Da war der Verkauf von Ablässen durch die Kirche; der Südturm in Rouen heißt Butterturm, weil er von dem Geld gebaut wurde, das man für die Erlaubnis zahlte, in der Fastenzeit Butter zu essen. Reliquien wurden in feierlichen Prozessionen durch das Land getragen, und das Volk spendete für das Privileg, sie verehren zu dürfen; das Geld floß in den heimatlichen Kirchenbaufonds. Könige schenkten Jahrgelder, Adlige ihre Juwelen, Geistliche erbaten Spenden von den Gemeindemitgliedern.

Die Menschen spendeten nicht nur Geld, sondern gaben auch ihre Arbeitskraft. Erzbischof Hugo von Rouen beschrieb die Stimmung der Zeit in einem Brief an Bischof Thierry von Amiens: «Die Einwohner von Chartres sind übereingekommen, den Bau der Kirche dadurch zu fördern, daß sie das Baumaterial herbeischaffen ... Die Gläubigen unserer Diözese und anderer benachbarter Bezirke haben sich zum gleichen Zweck zusammen-

Das Querschiff der Kathedrale Notre-Dame in Chartres, das größte Frankreichs, wurde mit zwei prächtigen Portalen ausgestattet. Die für diese Portale bestimmten Figuren besaßen Lebendigkeit und Individualität, Eigenschaften, die den reifen gotischen Stil kennzeichnen. Durch das offene Portal sieht man Beispiele einer anderen künstlerischen Höchstleistung der Gotik: die strahlenden Glasfenster über dem Nordportal.

geschlossen. Sie lassen keinen daran teilnehmen, der nicht zuvor gebeichtet, Feindseligkeiten und Rachegefühlen abgeschworen und sich mit seinen Feinden ausgesöhnt hat. Darauf wählen sie einen Anführer, unter dessen Kommando sie ihre Karren schweigend und demütig in Bewegung setzen.»

Der Bau einer Kathedrale dauerte manchmal eine, gewöhnlich jedoch mehrere Generationen. Notre-Dame in Paris war nicht vor 1250 vollendet, beinahe 90 Jahre nach Baubeginn. Viele Kathedralen wurden niemals fertig. Aber solange die Arbeit voranging, verströmten die Städte all ihre Energien in diese Vorhaben. Die gotische Kathedrale war ebensosehr eine Schöpfung der Stadt und der blühenden Gewerbe, die sie hervorgebracht hatte, wie die romanische Kirche eine Schöpfung der ländlichen Gemeinschaft und der stillen Geschicklichkeit der Mönche und ihrer bäuerlichen Helfer gewesen ist.

Der Platz für die Kathedrale glich einer gewaltigen Großbaustelle mit einem Gewirr von Kränen, Handwinden, Treträdern und anderen Hebewerkzeugen und unzähligen Karrenladungen von Steinen, aus dem nächsten Steinbruch in endloser Prozession herbeigeschafft. Die Arbeit am Bau war einer Gruppe von Handwerkern übertragen, die miteinander arbeiteten – Maurer, Zimmerer, Steinmetzen, Bildhauer, Bronzegießer und Glasmacher. Manche Gruppen blieben jahrelang zusammen und zogen auch wohl gemeinsam zu einem neuen Kathedralenbauprojekt, wenn das alte beendet war. Gewöhnlich standen einer solchen Bauhütte zwei Männer vor, ein Architekt, der alle Arbeiten überwachte, und ein Bauleiter, der Arbeit und Material einteilte. Entlaufene Leibeigene und Bauern bildeten das Heer der einfachen Arbeiter – derjenigen Männer, die Steine brachen, Holz transportierten, Fundamente aushoben und Schieferplatten für das Dach oder andere Materialien in Körben auf dem Rücken trugen.

Architekten und Handwerker. Unter den beteiligten Handwerkern waren die Maurer besonders privilegiert. Sie waren bevorzugt ausgestattet, zum Beispiel mit Handschuhen gegen Mörtelbrandwunden, und sie erhielten ein Handgeld bei der Grundsteinlegung. Die Architekten, die berufsmäßige Elite, waren noch stärker begünstigt, so durch Steuerbefreiungen, durch Gewährung freier Wohnung, durch Kleidung mit Pelzwerk und eine Gratifikation am Jahresende.

Die Anforderungen des Kathedralenbaues spornten alle Schichten des Handwerks an. Nie wieder wurden die juwelengleichen Farben der Glasfenster erreicht, die ihr funkelndes Licht auf den grauen Stein des Kircheninnern warfen. Die schweren Kirchendächer konstruierte man so, daß ein einzelnes defektes Stück für sich ausgewechselt werden konnte. Um von Dächern und Mauern das Regenwasser abzuleiten, setzte man Wasserspeier an die Gesimse, und nicht zufrieden damit, sie nur nützlich zu gestalten, verwandelten die Steinmetzen sie in phantastische Vögel oder

Viele der Glasfenster der Kathedrale von Chartres wurden von Kaufleuten und Handwerkern der Stadt gestiftet: den Schuhmachern (Fenster des Guten Samariters), den Bäckern und von den Wasserträgern. Das hier abgebildete Fenster ist ein Ausschnitt aus dem Karlsfenster; es stellt Karl den Großen mit Gefolge dar. Dieses Fenster wurde von der Zunft der Pelzhändler gestiftet.

steinerne Tiere, die das Wasser in sicherer Entfernung von der Kirche hinunterspien. Die Schmiede ersannen härtere Stahlwerkzeuge zum Zuschneiden der Steine, Eisenbänder zum Heben schwerer Gewichte und Eisenketten zur Verklammerung des Mauerwerks im Innern. Zimmerleute ersannen Rampen, um Wagenladungen mit Material auch auf steile Hänge heraufzufahren, und sie erfanden so erstaunliche Dinge wie die Schubkarre, mit der ein Mann die Arbeit von zweien verrichten konnte.

Ein Wunder an Schönheit, erfüllt von herrlichem Licht, von Farbe und Musik, geschmückt mit Tapisserien, Malereien und Skulpturen, war die gotische Kathedrale dem mittelalterlichen Menschen alles: sein Gotteshaus, seine Schule, Bibliothek, Kunstgalerie und sein Theater. Sie war das Herz der Stadt. Auf ihren Stufen oder auf dem Platz davor wurden Mysterienspiele und Mirakel aufgeführt und die Belange der Bürger in großen Versammlungen besprochen. Zu ihren Füßen zogen Märkte und Messen große Menschenmassen an. Manchmal erstreckte sich die kommerzielle Aktivität und das städtische Leben bis in das Kircheninnere. In Chartres errichteten Händler ihre Buden innerhalb der Einfriedung, Fremde schliefen zur Nacht unter den Portalen, und Bürger – einige mit ihren Hunden oder Falken – promenierten in den Seitenschiffen, um ein bißchen zu tratschen. Die Kathedrale war nicht nur ein Haus Gottes, sondern auch ein Haus des Volkes.

Musik. Mit der Blüte der mittelalterlichen Architektur gediehen auch die anderen Künste. Ein verbessertes Notensystem erleichterte nicht nur die Darbietung, sondern auch die genauere Bewahrung der Musik. Man verließ den monophonen Gesang, und Komponisten wie Guillaume de Machaut in Frankreich und Francesco Landini in Italien entwickelten eine polyphone Musik, in der sich zwei oder mehr verschiedene Melodien vereinigten. Im 14. Jahrhundert begannen die «A-cappella-Chöre», sich in dieser Musik zu spezialisieren und mit 12 bis 14 Stimmen die neuen Werke zu singen, die so große Meister wie Bach, Haydn, Beethoven und Brahms beeinflussen sollten. Madrigal, Rondeau und Motette kamen in Mode. Volkslieder verbreiteten sich. Nicht alle hatten religiöse Themen zum Gegenstand; viele besangen das tägliche Leben und die Arbeit, Liebe und Schönheit, Tapferkeit und Jagd.

Bildhauerei. Die Plastik, ehedem in Säulen und Portalgewände eingelassen, näherte sich dreidimensionaler Realistik, so daß sie freistehend erschien. Verzerrte Formen wichen Figurationen, die an gewohnte Proportionen anknüpften und Symmetrie und Klarheit atmeten. Starrer und maskenhafter Ausdruck wurde ersetzt durch menschliche, edle Züge. Der berühmte *Beau Dieu* der Westfassade der Kathedrale zu Amiens zeigt Christus in klassischer Gewandung, die Bibel in der Linken, die Rechte im Segensgestus erhoben, als zugleich wohlwollenden und gerechten Herrscher. Der kommende Naturalismus der Renaissanceplastik zeichnete sich bereits ab.

Malerei. Die Malerei, lange Zeit die Domäne der Miniaturisten in den Skriptorien und der Freskomaler in den Kirchen, zog in die städtischen Werkstätten ein. Die Miniaturisten waren nicht mehr nur mit lehrhaften

Illustrationen biblischer Manuskripte beschäftigt, sondern sie bekamen auch weltliche Auftraggeber, für die sie private Gebetbücher herstellten, in denen oft auch lebendige und detaillierte Schilderungen des mittelalterlichen Lebens und der Landschaft enthalten waren. Fresko- und Tafelmaler suchten nach neuen Techniken. In Italien schuf Giotto Raum für die perspektivische Malerei und warf erstmals die Frage malerischer Behandlung der menschlichen Anatomie auf, woran sich eine Periode intensiven Experimentierens durch seine Nachfolger anschloß. Einer von ihnen, Masaccio, malte in den Fresken der Brancacci-Kapelle in Florenz nackte Körper mit solcher Ausdruckskraft, daß sich auch Leonardo und Michelangelo davon inspirieren ließen. In Flandern benutzten die Brüder Hubert und Jan van Eyck Ölfarben, um neue Farb- und Deckeffekte zu erzielen.

Mehr und mehr wandten sich die Künste weltlichen Aufgaben und Themen zu. Die gotische Architektur verlor an handwerklicher Präzision. Die späteren Bauten waren nicht mehr harmonische Gebilde aus Stein und Glas, die in den Himmel strebten, um Licht zu suchen und zu empfangen. Die Kathedralen erstickten unter zu reichem Dekor und Ornament.

Aber der gotische Stil der Blütezeit hat nichts von seiner Schönheit verloren. Die großen Vollender gotischer Baugedanken haben für die Ewigkeit gebaut, und ihre strahlenden Werke legen in dem Europa unserer Tage immer noch Zeugnis ab für die Fähigkeit des Menschen, seine Kunst zum Gefäß seines Glaubens zu machen.

7. Die Nationalstaaten

Europa begann aus dem feudalen System herauszuwachsen, das sich in der Zeit überwiegender Bauernwirtschaft gebildet hatte. Der Feudalismus wußte keine Antwort auf die sozialen und wirtschaftlichen Fragen, die sich durch das Wachstum der Städte, die Ausweitung des Handels, den Gebrauch des Geldes und den Beginn der Technik erhoben. Die Beziehungen der Menschen zueinander wurden vielschichtiger, so daß die alten Regeln des Lehnwesens nicht mehr ausreichten, um die gesellschaftliche Ordnung aufrechtzuerhalten. Es mußten neue Wege gefunden werden, die menschlichen Beziehungen zu ordnen. Männer, die diese Tatsachen erkannten und ihre Macht verständig gebrauchten, legten bereits im 12. und 13. Jahrhundert das Fundament für die modernen Nationalstaaten.

Der Staat war eine Einheit mit bestimmten geographischen Grenzen, der im Innern für Ordnung sorgte und Einfälle von außen abwehrte. Er zentralisierte die Funktionen, die unter der Feudalherrschaft verstreut gewesen sind, und begann in immer größerem Umfange mit der Pflege menschlicher Belange: Gerichtsbarkeit, Rechtsschutz, hier Einrichtung von Industrien, dort Ordnung des Gesundheitswesens und der ärztlichen Versorgung. Der Staat stützte sich auf geschriebenes Recht, er zog mehr und mehr Mitglieder der Gesellschaft zur Mitarbeit heran; er arbeitete mit einem Korps von Verwaltungsbeamten, die im ganzen Lande in seinem Namen tätig wurden, und er finanzierte sich durch Steueraufkommen.

Der Staat wurde durch die Monarchie errichtet, die sich ihrerseits aus dem Feudalismus entwickelt hatte. Die führenden Staaten waren Frankreich und England, die — jeder auf seine Weise — Verwaltungs- und Justizformen schufen, denen die anderen Länder Europas schließlich folgten. Italien und Deutschland widersetzten sich einer zentralisierten Monarchie noch lange nach Ausgang des Mittelalters, aber auch in diesen Ländern ersetzte bald geschriebenes Recht die mündliche Überlieferung in Rechtsprechung und Verwaltung, und die Rechte des einzelnen gewannen an Bedeutung.

Wasserstraßen waren die Hauptverkehrswege des Mittelalters. Europas geschäftigster Strom war der Rhein. Zur Ausbeutung seines starken Handelsverkehrs entstanden zahlreiche Zollstationen: um 1300 wurden die Warentransporte auf dem Rhein an mehr als 35 Stellen mit Zöllen belegt. Das Inselschloß Pfalz (links) kassierte noch im 19. Jahrhundert Zölle. Da viele dieser Zollstationen von Geistlichen betrieben wurden, hieß der Rhein auch die «Pfaffenstraße».

In einer Übergangszeit befand sich Europa in den Jahren um 1360. Große Teile waren nach wie vor noch unter feudaler Grundherrschaft. Lediglich in England und Frankreich hatte der Nationalstaat bereits greifbare Formen angenommen. Im Süden einigten sich gelegentlich die sonst immer in Streit liegenden christlichen Königreiche der Iberischen Halbinsel, wenn es galt, gegen die Moslems vorzugehen. Das Heilige Römische Reich Deutscher Nation, oft von untereinander uneinigen Machthabern regiert, war nur dem Namen nach eine Einheit. Italien, aufgeteilt unter das Heilige Römische Reich, das Papsttum und andere Herrscher, die in Neapel und Sizilien regierten, war noch Jahrhunderte von seiner Einheit entfernt. Im Südosten fielen die schwachen byzantinischen, serbischen und bulgarischen Staaten immer wieder den Expansionsbestrebungen der Türken zum Opfer, die in einer Reihe von entschiedenen Vorstößen in Europa einbrachen.

RÖER
SHETLAND-
INSELN
ORKNEY-
INSELN
Bergen
Oslo
NORWEGEN
SCHWEDEN
Stockholm
ESTLAND
OST-
SEE
Riga
DEUTSCHER ORDEN
NORD-
SEE
DÄNEMARK
Kopenhagen
PREUSSEN
Wilna
Danzig
Bremen
don
Calais
U
Köln
Rhein
HEILIGES
RÖMISCHES
REICH
Elbe
SCHLESIEN
Weichsel
LITAUEN
Dnjepr
Kiew
POLEN
Paris
PFALZGRAFSCHAFT
BÖHMEN
Prag
Krakau
EICH
Regensburg
BAYERN
Donau
Wien
SCHWEIZER
EIDGENOSSEN
ÖSTERREICH
Buda
Pest
MOLDAU
UNGARN
Rhone
Venedig
WALACHEI
gnon
Genua
PROVENCE
Bukarest
Marseille
Florenz
VENEDIG
Nikopolis
KIRCHEN
STAAT
ADRIATISCHES
MEER
BULGARIEN
KORSIKA
Rom
SERBIEN
Sofia
BYZANTINISCHES
REICH
NEAPEL
Durazzo
Saloniki
SARDINIEN
EER
ÄGÄISCHES
MEER
Palermo
Messina
SIZILIEN
JOHANNITER
ORDEN
KRETA

Die englische Monarchie. Die englische Monarchie wurde von Wilhelm dem Eroberer (1027–1087), Herzog der Normandie, begründet, der 1066 die Angelsachsen besiegte. Er begann damit, daß er jedem angelsächsischen Lord einen Treueschwur abverlangte und die Besitzungen derjenigen einzog, die den Eid verweigerten. Anstatt große Besitzungen zu vergeben, die «Brutstätten» einer Opposition werden konnten, teilte er den normannischen Rittern seines Gefolges kleine, verstreute Lehen zu. Er errichtete eine *Curia regis*, einen königlichen Rat, in den er seine Vasallen und hohe kirchliche Würdenträger aufnahm, und den er einberief, um ihm Weisungen zu erteilen, die Geldgeschäfte zu regeln und Streitfragen zu prüfen, die die Krone betrafen.

Wilhelm machte die bestehenden *shires* (Grafschaften) zu fiskalischen und militärischen Einheiten des Reiches, beließ ihnen aber autonome Gerichte unter ihren Landesherren wie in angelsächsischer Zeit. Um genau zu wissen, wie groß sein Besitz war und wieviel ihm zukam, sandte er Kommissare aus, um das Land zu vermessen und die Anzahl der freien Bürger, der Leibeigenen, der Wiesen, Höfe, Ochsen und Schweine, Mühlen und Pflugscharen festzustellen. Diese Übersicht war im Jahre 1086 fertiggestellt und ihr Ergebnis im *Domesday Book* niedergelegt, das noch heute im Public Record Office in London zu sehen ist.

Bis zu seinem Tode im Jahre 1087 hatte Wilhelm England zur fortschrittlichsten Monarchie in Europa gemacht. Die Lords waren seine Vasallen und schuldeten ihm Gehorsam. Die *Curia regis* war ihm botmäßig und half, den Frieden unter den Lords aufrechtzuerhalten. Das *Domesday Book* lieferte ihm eine genaue Aufstellung seiner Besitztümer und eine Grundlage für die Besteuerung.

Unter der Herrschaft seines jüngsten Sohnes, Heinrichs I., entwickelte die *Curia regis* zwei spezielle Amtsbereiche für ihre richterliche und ihre finanzielle Tätigkeit. Heinrich sandte Mitglieder der *Curia* über Land, um Streitigkeiten an Ort und Stelle zu regeln, anstatt sie vor den königlichen Gerichtshof zu bringen. Diese Männer waren die Vorgänger der von Ort zu Ort reisenden Richter, wie sie noch heute in England und Amerika amtieren. Das mit Finanzen befaßte Amt der *Curia* entstand eigentlich aus einem Pflichtversäumnis. Viele der Barone langweilte und verwirrte Buchführung und Rechnerei, sie blieben aus, sobald es etwas zu berechnen gab. Die Anwesenden dagegen wurden zu sachverständigen Rechnungsführern. Sie rechneten auf einem Tischtuch mit Schachbrettmuster, woher die Bezeichnung Exchequer für das königliche Schatzamt stammt. Die Befähigung zum Dienst in der *Curia* war bald nicht mehr abhängig von adliger Herkunft, sondern von Sachkenntnis. Heinrich ging dazu über, einen Teil seiner Leute in barer Münze anstatt mit Land zu bezahlen und entwickelte so einen Stand professioneller Verwaltungsbeamter.

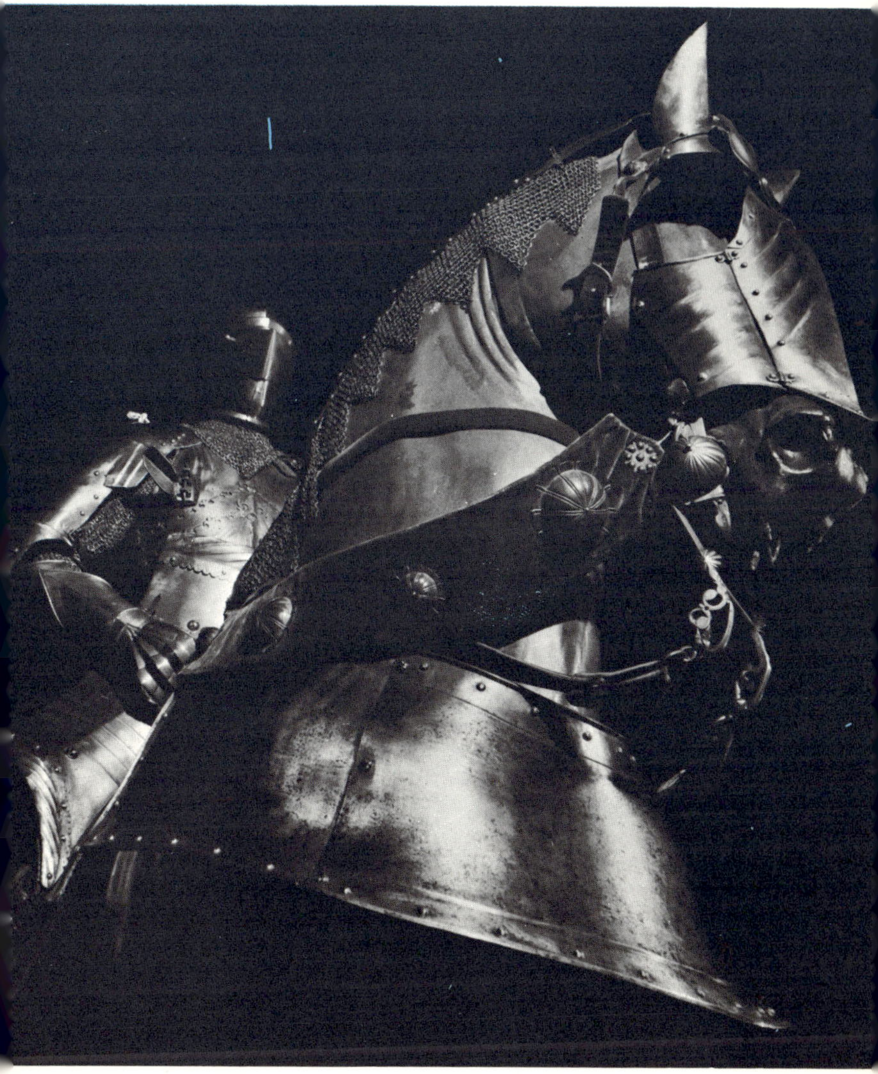

Der mittelalterliche Krieger lernte den Wert des Pferdes zunächst durch schmerzliche Erfahrungen im Kampf mit berittenen Arabern kennen. In den darauffolgenden Jahrhunderten aber nutzten auch die ritterlichen Krieger das Pferd als Kriegsinstrument. Erst im 14. Jahrhundert brach die Infanterie mit schweren Waffen und verbesserter Taktik die Vorherrschaft der Reiterheere. Als Gegenmittel gegen die verbesserte Waffentechnik der Infanterie versah man Pferd und Reiter jetzt mit bis zu 60 Pfund schweren Rüstungen.

Die Schlacht bei Hastings am 14. Oktober 1066, in der sich die normannischen Eroberer unter Herzog Wilhelm und die englische Armee König Haralds gegenübertraten, zeigte entschieden die Überlegenheit des Reiters über den Fußsoldaten. Die Schlacht – hier mit Szenen aus dem Teppich von Bayeux, 11. Jahrhundert, illustriert – wurde zwischen zwei

Verfassungsmäßige Gesetzgebung. Der nächste Schritt auf dem Wege, England zu einem modernen Staat zu machen, war die verfassungsmäßige Gesetzgebung. Sie kam mit Heinrich II., einem Urenkel Wilhelms des Eroberers. Heinrich II. war mehr Franzose als Engländer. Er besaß auf dem Kontinent mehr Land als der König von Frankreich. Durch seinen Vater war er Graf von Anjou und Maine. Durch seine Ehe mit Eleonore von Aquitanien erhielt er Poitou, Guyenne und die Gascogne. Als er im Jahre 1154, im Alter von 21 Jahren, den englischen Thron bestieg, besaß er bereits eine mehrjährige Regierungserfahrung, die er als Herzog der Normandie erworben hatte.

Heinrichs Hauptziel war es, die Streitigkeiten unter den Feudalherren ein

Heeren von je 5000 Mann ausgetragen.
Es gab einen großen Unterschied zwischen beiden Heeren: die normannische Armee besaß zahlreiche Reiter. Deren Attacken bezwangen schließlich die Engländer und verhalfen damit Wilhelm zur englischen Krone.

für allemal auszurotten, zu welchem Zwecke er insbesondere die Gerichtshöfe stärkte.

Wie die meisten germanischen Stämme hatten die Angelsachsen Streitigkeiten untereinander und Verletzungen der Gebräuche vor die Stammesältesten zu bringen. Zur Rechtsfindung dienten in der Regel Eideshilfe, Zweikampf und Gottesurteil. Bei der Eideshilfe mußten Freunde des Beschuldigten seinen einwandfreien Charakter und damit zugleich seine Unschuld beschwören. Im Zweikampf gingen zwei Gegner mit Fäusten und Knütteln aufeinander los. Man glaubte daran, daß Gott in diesem Kampf den Lügner töten und den im Recht befindlichen Kämpfer siegen lassen werde. Bei den eigentlichen Gottesurteilen wurde der Angeklagte in ein

Gewässer geworfen. Sank er, galt er als unschuldig, schwamm er dagegen oben, galt er als schuldig und wurde bestraft oder hingerichtet. Zu Zeiten Heinrichs II. gab es diese Rechtsbräuche noch überall in Europa.

Heinrich änderte die Behandlung der zivilen Streitigkeiten durch Einführung einer gerichtlichen Untersuchung oder Befragung. Er ließ durch die königlichen Richter Nachbarn der Prozeßgegner, meist 12, zusammenrufen und diese über den Streit befragen. Stimmten die Antworten aller 12 Nachbarn überein, so erging das *vere dictum,* englisch *verdict,* der Rechtsspruch. Die frühesten Verdikte mögen durch Vetternwirtschaft beeinträchtigt oder sonst unrichtig gewesen sein, dennoch waren sie ein Markstein auf dem Wege zu einer zuverlässigeren Rechtsprechung. Sie befreiten das mittelalterliche Denken vom Aberglauben, und es dauerte gar nicht lange, da fragten die Richter nicht mehr nur, sondern suchten auch nach Beweisen für das Ausgesagte. Heinrich verlieh das Privileg zur Befragung bei gegebenem Anlaß jedem Freien, behielt sich selbst aber die Bestätigung des Amtes vor, wodurch die Grundherren viel von ihrer örtlichen richterlichen Macht verloren. Der niedere Adel erkannte das System schnell an, und Heinrich dehnte es bald auch auf das Strafrecht aus.

Außerdem befaßte er sich mit den Widersprüchen zwischen weltlichem und kirchlichem Recht. Geistliche – und das bedeutete nicht nur Priester und Mönche, sondern auch Kreuzfahrer, Studenten und alle Bediensteten von Geistlichen, also beachtliche Teile der Bevölkerung – genossen traditionell Immunität. Mancher Geistliche ging bei einem Rechtsverstoß frei aus, der dem einfachen Bürger Geldstrafe, Gefängnis oder gar den Tod einbrachte. Heinrich sann auf eine Beseitigung dieser kirchlichen Privilegien. Im Jahre 1164 versammelte er seine Ratgeber auf dem königlichen Landgut Clarendon Park unweit von Salisbury und entwarf dort in einer Jagdhütte, was später als die *Constitutions of Clarendon* bekannt geworden ist. Das Dokument unterwarf die Geistlichkeit den allgemeinen Rechtsbräuchen. Es untersagte die Berufung beim Papst gegen königliche Entscheidungen, verbot die Exkommunikation königlicher Vasallen und Verwaltungsbeamter ohne Wissen des Königs und ordnete an, daß straffällige und von einem kirchlichen Gericht für schuldig erklärte Geistliche zur Bestrafung einem königlichen Gerichtshof übergeben werden mußten.

Thomas Becket. Die *Constitutions of Clarendon* waren ein Meilenstein in der Rechtsgeschichte, hatten aber unselige Konsequenzen. Heinrich hatte einen alten Freund und Genossen, Thomas Becket (1118–1170), der auf sein Geheiß zum Erzbischof von Canterbury ernannt worden war. Thomas, einst weltlichen Gewohnheiten ergeben, nahm es streng mit den Pflichten seines bischöflichen Amtes. Zunächst akzeptierte er zwar die *Constitutions,* dann weigerte er sich aber, sie anzuerkennen, und exkommunizierte die Bischöfe, die den König unterstützten. Der Streit schwelte

Ein Pilgerzeichen der Kathedrale von Canterbury, der Grabeskirche des heiligen Thomas Becket, zeigt Becket als Erzbischof zu Pferde in vollem Ornat. Die Pilger tragen solche Zeichen um den Hals oder steckten sie an die Kopfbedeckung, während sie sich auf Pilgerfahrt befanden.

einige Jahre, bis Heinrich eines Tages, vom Zorn übermannt, ausrief: «Gibt es denn niemanden, der mich von diesem elenden Kirchenmann befreit?» Eine Anzahl seiner Gefolgsleute nahm es wörtlich, lauerte Becket in seiner Kathedrale auf und ermordete ihn. Heinrich beteuerte reumütig, er habe nicht mit Gewalt vorgehen wollen; dennoch bedeutete der Vorfall einen argen Rückschlag für die Krone. Die Barone wurden widersetzlich gegenüber Heinrichs zunehmender Macht, und die Ermordung Beckets lieferte ihnen einen willkommenen Anlaß, zurückzuschlagen.

Johann ohne Land. Der nächste Schritt zur verfassungsmäßigen Regierung wurde daher nicht von einem reformfreudigen König, sondern von konservativ gesinnten Adligen unternommen, die dem Aufstreben der Monarchie Einhalt zu gebieten suchten. Heinrichs Sohn Johann (1167–1216) – der bei seinen Untertanen den Spottnamen «ohne Land» trug – war einer der ziellosesten und skrupellosesten Könige, die England je besessen hat. Er hatte grandiose Einfälle, zu deren Durchführung er hohe Steuern forderte, aber er besaß keine Ausdauer, sie in die Tat umzusetzen. Die ausgedehnten englischen Besitzungen in Frankreich schmolzen zu einem schmalen Küstenstreifen zusammen. Philipp II. hatte alles außer Poitou und Guyenne konfisziert. Johann zog aus, um die französischen Gebiete zurückzuerobern, mußte aber, nachdem sein Heer in der Schlacht von Bouvines vernichtend geschlagen worden war, nach Hause zurückkehren, wo er Barone und Geistlichkeit in Aufruhr vorfand.

Magna Charta. Stephen Langton, Erzbischof von Canterbury, ermutigte die Barone, die Rechte zurückzufordern, welche sie unter Heinrich I. hundert Jahre zuvor besessen hatten. Einer nach dem anderen fiel von Johann ab. Geheime Treffen zur Planung eines Aufstandes wurden abgehalten und zahlreiche Aufstellungen der beanspruchten Rechte entworfen. Schließlich, nach Monaten steigender Spannung, bewaffnete sich eine kleine Gruppe von Adligen mit Gefolge und zog gegen den König. Im Juni 1215 stellten sie ihn bei Runnymede, einer Ebene am Ufer der Themse, ungefähr 30 Kilometer vor London. Dort stritten sie sich tagelang herum, bis Johann endlich nachgab und sein Siegel unter die Magna Charta setzte, einen der größten Marksteine der westlichen Zivilisation. Die Magna Charta war auf einer pergamentenen Rolle in lateinischer Sprache verfaßt. Zahlreiche Kopien wurden angefertigt, die man an die Kathedralen des Landes zur Verwahrung schickte. Die Sheriffs mußten sie im Gerichtshof der Grafschaft viermal im Jahr laut verlesen. Die Bischöfe wurden aufgefordert, alle mit Bann zu belegen, welche die Magna Charta nicht achteten, und den Baronen oblag es, die Erfüllung der Vorschriften der Charta zu erzwingen.

Ein Stammbaum aus dem Dekret Gratians (12. Jahrhundert) zeigt in Kreuzesform die Ordnung der Blutsverwandtschaft innerhalb einer Familie. Oben, unter dem Kopf Adams, die Ururgroßeltern. Mutter und Vater erscheinen in der Mitte doppelt als Kinder und als Eltern. Gratians Tafel ist ein bedeutsames Zeugnis des kanonischen Rechts; sie wurde hauptsächlich benutzt, um festzustellen, ob eine vielleicht zu hohe Blutsverwandtschaft zwischen zwei Ehekandidaten vorlag.

TRITAVUS. VI. TRITAVIA.
ATTAVUS. V. ATTAVIA.
ABAVUS. IIII. ABAVIA.
PAVUS. III. PAVIA.
AVUS. II. AVIA.
PATER. I. MATER.
AMITA. III.
III. AVUNCULUS.
III. CONSOBRINA.
PATER. I. MATER.
FRATER. II. FILIUS. II. FILIA. II. SOROR.
NEPOS. II. NEPTIS.
PNEPOS. III. PNEPTIS.
ABNEPOS. IIII. ABNEPTIS.
ADNEPOS. V. ADNEPTIS.

Die Magna Charta war ein rein feudales Dokument. Sie garantierte hauptsächlich Rechte der Barone und schenkte den Leibeigenen keinerlei Beachtung. Von ihren 63 Bestimmungen sind heute alle bis auf 12 veraltet. Aber in ihr war die Idee verkörpert, daß Gerechtigkeit auf der Gesetzestreue aller, auch des Königs, beruhe, und so bereitete sie den Weg für spätere Erweiterungen der Freiheit. Artikel 12 untersagte die Erhebung des Schildgeldes (von den Vasallen an ihre Herren zur Befreiung vom Militärdienst zu zahlen) außer durch «allgemeinen Beschluß». Diese Bestimmung wurde später dahin ausgelegt, daß der König ohne Zustimmung der Barone keine Steuern erheben könne, noch später so, daß dies nicht ohne die Zustimmung des Parlaments möglich sei. Artikel 20 erklärte, daß ein freier Bürger «nur nach dem Maß seiner Vergehen» bestraft werden könne. Artikel 28 verfügte, daß kein Regierungsbeamter «Getreide oder andere bewegliche Güter» ohne sofortige Bezahlung beschlagnahmen dürfe. Diese Bestimmung sollte im Fünften Amendment der amerikanischen Verfassung wiedererscheinen, und zwar mit den Worten: « ... noch soll privates Eigentum ohne sofortige Entschädigung für den Allgemeingebrauch in Anspruch genommen werden.» Artikel 38 sagte, daß «kein Beamter einen Mann vor Gericht bringen darf ... ohne glaubwürdige Zeugen für die Wahrheit» der Anschuldigung beizubringen. Artikel 39 sah vor, daß niemand eingesperrt oder seiner Rechte beraubt werden dürfe, der nicht von seinen Peers gerichtet worden sei; hieraus folgte die Garantie eines Anspruchs auf richterliches Urteil für jedermann. Artikel 60 erklärte: «Jedermann in meinem Königreich, ob Kleriker oder Laie, soll [diese Gesetze und Freiheiten] in gleicher Weise auch in den Beziehungen zu seinen eigenen Leuten gelten lassen.»

Die Regierungszeit des Sohnes von Johann, Heinrich III., war für die Entwicklung der konstitutionellen Regierung nicht weniger verhängnisvoll. Heinrich III. erhob wiederholt Steuern für kriegerische Unternehmungen gegen die Waliser und Franzosen, und die Barone wurden es leid, sich hierfür ausplündern zu lassen. Simon de Montfort, Earl of Leicester, leitete die Widerstandsbewegung. In dem Wunsche, gegen den König mehr Unterstützung als nur die seiner Standesgenossen zu gewinnen, berief er im Jahre 1265 eine Versammlung, zu der er zwei Adlige aus jeder Grafschaft und zwei Bürger aus jeder Stadt einlud. Er verlieh ihnen zwar keine Macht, schmeichelte aber durch die Einladung ihrer Eigenliebe. Die Versammlung tat weiter nichts, als dem allgemeinen Mißfallen über hohe Steuern und ausländische Verwicklungen Ausdruck zu verleihen. Heinrich zog jedoch aus diesem Ereignis seine Lehren. Als er im Jahre 1268 neue Steuern erheben wollte, versammelte er ebenfalls Barone und Bürger und bat um ihre Unterstützung. So entstand das englische Parlament.

Das Parlament. Noch vor Ende des 13. Jahrhunderts, als Heinrichs Sohn Eduard I. den Thron innehatte, war das Parlament zum Mittelpunkt des englischen Staatslebens geworden. Es machte die Politik, es bewilligte Steuern, und es hatte den meisten Einfluß auf die öffentliche Meinung.

In Frankreich begann sich ebenso wie in England die Regierungsgewalt zu zentralisieren. Aber während sich in England die Barone vereinigt hatten, um den König an das Gesetz zu binden, waren in Frankreich die Adligen in ständige Kriege mit ihren Nachbarn verwickelt, und während sie sich untereinander befehdeten, übernahm der König die Rolle des Gesetzgebers.

Gegen Ende des 11. Jahrhunderts, als Wilhelm der Eroberer den englischen Nationalstaat begründete, beherrschte der französische König Philipp I. nur einen kleinen Landesteil, die Ile de France, von Paris bis Orléans. Aber Paris war ein internationaler Messeplatz. Jeder, der dort Handel treiben wollte, mußte die Straßen oder Flußläufe benutzen, die Paris beherrschte, und dafür Zoll zahlen, wodurch sich die Kassen Philipps und seiner Nachfolger, Ludwigs VI. und Ludwigs VII., füllten. Dies waren die Herrscher, die die Monarchie zu festigen begannen. Sie unterbanden das Räuberunwesen auf dem Lande und sorgten für Ordnung in den Städten. Geistlichkeit und Volk waren ihnen dafür treu ergeben. Die Städter erbaten ihre Hilfe gegen den Druck der Kaufleute und der Grundherren, und schließlich suchten sogar die Adligen ihren Schiedsspruch in den Streitigkeiten, die sie untereinander hatten. Hierdurch wurde der königliche Gerichtshof zum Zentrum der Rechtsprechung.

Die Verwaltung wird zentralisiert. Zur Nation wurde Frankreich zu Beginn des 13. Jahrhunderts unter Philipp II. (1165–1223), bekannt als Philipp Augustus. Durch Heirat, Eroberung und Beschlagnahme dehnte er sein Reich von Cherbourg bis an die Pyrenäen aus. Er sammelte ein beachtliches Vermögen an, pflasterte die schmutzigen Straßen von Paris und erbaute den Louvre zur Überwachung der Seine. Er schuf die Einrichtung, königliche Beamte seines Hofes auszusenden, die seine Gebiete an Ort und Stelle verwalteten, Steuern für die Krone eintrieben und Gerichtsbarkeit ausübten, wo früher die Feudalherren Gericht gehalten hatten. Im Norden hießen diese Männer *Baillis*, im Süden *Seneschalle*. Sie waren den Richtern vergleichbar, die Heinrich I. von Ort zu Ort gesandt hatte, unterschieden sich von diesen aber dadurch, daß sie jahrelang in einem bestimmten Distrikt verblieben. Fähige und bewährte *Baillis* wurden in andere Distrikte versetzt, unfähige entlassen.

Die Zentralisierung der Verwaltung durch Philipp II. wurde von Ludwig IX., dem Heiligen, fortgesetzt. Er gründete Hospitäler, Asyle, Blindenheime und Häuser für gebesserte Prostituierte, und wohin er immer kam, ließ er Bedürftige auf Staatskosten speisen, wobei er sie manchmal selbst bediente. Er war ein Mann der Gegensätze, brachte Stunden im Gebet zu, und errichtete die Sainte Chapelle als Aufbewahrungsort für eine zweifelhafte Reliquie, andererseits unterstellte er die Geistlichkeit der zivilen Gerichtsbarkeit.

Ludwig überließ weiterhin die Regionalverwaltung den *Baillis* und *Seneschallen,* richtete aber außerdem noch das Amt der *Enquêteurs* (Inquisitoren) ein, die vom Hofe ausgeschickt wurden, um etwaige Klagen der Bevölkerung, reich oder arm, anzuhören. Sie waren keine Richter, sondern Abgesandte des königlichen Wohlwollens. Man konnte zu ihnen gehen und seinem Kummer Luft machen, ohne Rücksicht auf den *Bailli* oder *Seneschall,* und der *Enquêteur* berichtete dem König. Ludwig versuchte dann, dem Übel abzuhelfen. Wie das Untersuchungsverfahren, das Heinrich II. ein Jahrhundert früher in England eingeführt hatte, verlieh das System Ludwigs auch den niederen Schichten des Volkes Rechte und bekundete das Interesse des Monarchen an seinen Untertanen. Am Ende seiner Regierungszeit, im Jahre 1270, hatte jeder Teil seines Reiches Verbindung mit der königlichen Verwaltung. Respekt vor der Macht und Zuneigung für Ludwig erzeugten Loyalität gegenüber der Monarchie als staatlicher Institution.

Philipp der Schöne. So lagen die Dinge, als Philipp IV. (1268–1314), der Schöne, im Jahre 1285 den Thron bestieg. Philipp umgab sich mit Staatsministern und regierte mit Hilfe eines Rates. Anders als die Ratgeber früherer Könige kamen die Männer, die Philipp berieten, weder aus dem Adel noch aus der Geistlichkeit, sondern aus den Reihen studierter Juristen. Die Rechtsfakultäten erlebten, ebenso wie die anderen Wissenschaften, einen neuen geistigen Aufschwung. Der Kodex Justinians, die Gesetze des kaiserlichen Rom, waren wiederentdeckt worden und lösten ebensoviel Begeisterung aus wie die Philosophie des Aristoteles. Der Kodex ist lange Zeit der Gegenstand eifrigen Studiums in Bologna, Montpellier und anderswo gewesen; jetzt wurde er bei der Behandlung der zeitgenössischen Staatsgeschäfte zu Rate gezogen.

Anstatt ein Rechtssystem aus dem vorhandenen Gewohnheitsrecht zu bilden, wie dies in England geschehen war, bauten die Rechtsgelehrten Philipps auf der Grundlage der römischen Rechtslehre auf. Sie interpretierten Justinians Kodex dahingehend, daß der König das absolute Vorrecht zur Gesetzgebung im Reich habe, so daß alle seine Dekrete Gesetzeskraft besäßen. Mit dieser Begründung vervollständigten Philipps Berater die Zentralisierung der königlichen Macht und festigten dessen Herrschaft über den Adel.

Philipp schuf auch eine Generalversammlung der Adligen, Geistlichen und Bürger, aber er gab ihr einen völlig anderen Charakter, als ihn das englische Parlament hatte. Er berief die Versammlung im Jahre 1302, um sich ihrer Unterstützung im Streit mit dem Papsttum zu versichern, und im Jahre 1314, um seine Gründe für neue Steuererhebungen darzulegen. In keinem Fall fragte er um Rat oder überließ den Delegierten die Entscheidung; sie waren nur da, um seine Wünsche entgegenzunehmen. Er wünschte den Anschein, als suche er die Unterstützung aller, und gab damit dem Volk ein Gefühl des Beteiligtseins. Schließlich sollte die Versammlung als *Etats-Généraux* (Generalstände) bekannt werden, benannt nach den drei Ständen des Königreiches — Adel, Geistlichkeit und Bürgertum.

Zentralistische Monarchien entwickelten sich andernorts langsamer als in Frankreich und England, aber geschriebenes Recht und Beteiligung an der Regierung gab es bald überall.

Friedrich Barbarossa. Die Ereignisse in Deutschland waren mit denen Italiens eng verbunden, denn seit dem 10. Jahrhundert hatten die deutschen Herrscher ein Auge auf Italien geworfen und ihre Hand im dortigen politischen Spiel. Wegen ihrer Eroberungen in Italien oder ihrer Streitigkeiten mit den Päpsten vernachlässigten sie ihre Regierungsgeschäfte im eigenen Lande und verabsäumten es, einen Nationalstaat zu gründen. Friedrich Barbarossa (1122—1190), der von 1152 bis 1190 regierte, machte erste Versuche in dieser Richtung, starb jedoch, bevor er seine Pläne verwirklichen konnte. Die Fürsten herrschten auf ihren Erblehen ohne königliche Aufsicht, und die Städte waren voll reicher, selbstbewußter Bürger. Im Osten errichteten die Adligen kleine selbständige Fürstentümer. Im Westen gründeten die Städter Bünde, die den Feudalherren Schach boten. Sowohl in den Fürstentümern als auch in den Städten entwickelten sich indessen Rechts- und Verwaltungssysteme, die zwar, verglichen mit den englischen und französischen, primitiv und schwach waren, aber doch ein gewisses Maß an Ruhe und Ordnung unter den Einwohnern gewährleisteten.

Friedrich II. Im 13. Jahrhundert beschritt Friedrich II. (1194—1250), der Enkel Friedrich Barbarossas, neue Wege. Er begann mit seinen Bemühungen, Italien mit Deutschland zu vereinen, in Sizilien, wo er geboren und aufgewachsen war (seine Mutter war die Tochter des Königs von Sizilien). Im Jahre 1231 stellten Friedrich und seine Ratgeber die Verfassung von Melfi auf. Ihre Ideen entnahmen sie dem Kodex Justinians, ebenso wie es etwa 40 Jahre später die Gesetzgeber Frankreichs taten. Die Verfassung vereinigte alle Macht in der Person des Kaisers, untersagte dem Adel jede private Kriegführung und schloß die Geistlichen von Staatsämtern aus. Sie sorgte für die Verfolgung von Verbrechen, die nachlässige Landesherren bis dahin ungestraft gelassen hatten. Es war dies die erste Gesetzgebung nach den Prinzipien des römischen Rechts, die eine Verbrechensvorbeugung an Stelle der Bestrafung suchte, die eine stabile Geldwährung einführte und Maße und Gewichte vereinheitlichte. Sie schaffte die Gottesurteile ab, anerkannte die weibliche Erbfolge und schützte die Leibeigenen.

Friedrich war seiner Zeit in Verwaltung und Gesetzgebung weit voraus. Er ernannte ausgebildete Beamte, die er für ihre Verwaltungsarbeit besoldete. Er stellte den Getreidehandel, die Geldwechsler, Bäder und Schlachthäuser unter staatliche Kontrolle. Er förderte den Anbau von Baumwolle und Zuckerrohr, gründete Mustergüter und ließ krankes Vieh ausmerzen. Er ließ Waldland roden und Weinberge anlegen, Brunnen bohren, Brücken bauen und Straßen pflastern. Sizilien kam durch ihn zu einem im ganzen übrigen Europa der Zeit unbekannten Wohlstand.

Die Vereinigung von Italien und Deutschland mißlang jedoch, und er hinterließ kein dauerhaftes Staatsgefüge. Er verbrachte die wenigste Zeit seines Lebens im Norden, und so blieb Deutschland in den Händen der Feudalherren. Norditalien verheerte er bei dem Versuch, die dortigen Städte unter seine Kontrolle zu bekommen, und er zog sich mit seinen Reichsplänen den Zorn der Päpste zu. Sowohl Gregor IX. als auch Innozenz IV. exkommunizierten ihn und riefen zum Kreuzzug gegen ihn auf. Das deutsche Reich ging mit Friedrich zugrunde, und Italien blieb weiterhin ungeordnet. Es sollte erst im 19. Jahrhundert ein einheitliches Reich werden.

Der Beitrag Deutschlands und Italiens zum Bild des heutigen Europa lag weniger auf politischem Sektor als vielmehr auf technischem und kommerziellem Gebiet. Der Einfallsreichtum deutscher Erfinder machte Wind- und Wasserkraft in nie vorher gekanntem Maße nutzbar, erdachte Maschinen zum Ersatz für Handarbeit und bereitete so das Feld für die industrielle Revolution des 18. Jahrhunderts.

Technische Errungenschaften. Der Bergbau war schon von den Römern betrieben worden, dann aber im frühen Mittelalter außer Gebrauch gekommen. Nur die Eisenbearbeitung überdauerte die Zeiten, da es für Geräte des Ackerbaus und für Waffen gebraucht wurde. Erst allmählich begann man in Deutschland, die reichen Vorkommen an Gold, Silber und Kupfer neben dem Eisen zu nutzen. Es gab reichlich Holz zur Befeuerung der Schmelzöfen und schnelle Gebirgsflüsse mit Wassermühlen – China, Rom und dem Islam bereits bekannt, aber hauptsächlich zum Kornmahlen verwendet –, die man zum Antrieb der Fördermaschinen im Bergbau benutzte. Im Unterland froren die Flüsse in kalten Wintern zu, aber stetige Winde trieben dort Windmühlen an an Stelle von Wassermühlen. Im frühen 14. Jahrhundert trieben Mühlen Walkereien, Gerbereien, Säge-

Szene aus einem mittelalterlichen Gasthaus. Die Zecher werden vom Wirt eifrig aus seinem Keller mit Getränken versorgt. Beamtete Inspektoren prüften in den Wirtshäusern die Qualitäten der neuen Gebräue. Wirtshäuser, die schlechtes Bier ausschenkten, wurden geschlossen.

Die mechanische Uhr, eine mittelalterliche Erfindung, war zu einem Universum im kleinen geworden, als im 14. Jahrhundert in England das große Uhrwerk der Kathedrale von Wells gebaut wurde. Oben sieht man das Zifferblatt und Originalwerk (rechte Seite). Das

werke und Steinbrüche, Blasebälge für Brennöfen, Schmiedehämmer und Schleifsteine zum Schärfen und Polieren von Waffen und Rüstungen, sie rieben Pigmente für Farben und zerkleinerten Maische für das Bier.

Anfänglich beanspruchten die Grundherren die Ausbeute der Gruben und ließen ihre Leibeigenen in ihnen arbeiten. In der Mitte des 12. Jahrhunderts erklärte Friedrich Barbarossa das Ausbeutungsrecht als dem Souverän gehörig und stellte den Bergbau unter staatliche Kontrolle. In England beanspruchte die Krone alle Gold- und Silbervorkommen, erlaubte aber den Abbau anderer Metallvorkommen auch Privaten, wofür bestimmte Abgaben an den König zu zahlen waren. Italienische Bankiers finanzierten

Zifferblatt gibt nicht nur die Stunden an (großer Stern), sondern durch eine Mondsichel auch die Tage des Monats. Engel halten in den Ecken des Zifferblatts die Köpfe der vier Winde. Im Zentrum Phoebe, die Mondgöttin, neben ihr die Mondphasen.

Bergwerksunternehmen, und Könige und Königinnen und das reiche Bürgertum investierten ebenfalls Geld in solche Vorhaben.

Deutschland verkaufte seine Erzeugnisse und vermittelte seine technischen Errungenschaften dem ganzen übrigen Europa. Als Spanien 1551 eine Silber- und Bleimine wieder in Betrieb nahm, die unter der arabischen Herrschaft stillgelegen hatte, erbat man von Deutschland 200 gelernte Bergleute. Auch England holte unter Elisabeth I. deutsche Techniker und Arbeiter, ebenso Norwegen, als man 1623 eine Silbermine eröffnete.

Wissenschaft als Selbstzweck wurde im Mittelalter nicht betrieben. Zuerst strebte Roger Bacon, ein englischer Franziskanermönch des 13. Jahr-

Übervölkerung, verunreinigte Brunnen, primitive sanitäre Einrichtungen, Schweine und Ratten in den Straßen – in den Städten des Mittelalters gedieh fast jede infektiöse Krankheit. Bild: Ein Aussätziger, der zusammen mit einem Verkrüppelten um Almosen bittet, rasselt mit einer Schnarre, um sein Kommen anzukündigen.

hunderts, der an der Universität Oxford lehrte, wissenschaftliche Methoden an. Bacon empfand die Wichtigkeit empirischer Untersuchungen. Wenn die Menschen die sie umgebende Welt untersuchen würden, anstatt in den Büchern des Altertums herumzusuchen, erklärte er, so würde die Wissenschaft bald die Wunder der Magie in den Schatten stellen. «Maschinen könnten erfunden werden, welche die größten Schiffe mit nur einem Steuermann schneller dahintrügen, als wenn sie voller Ruderknechte säßen. Man könnte Fahrzeuge bauen von unglaublicher Schnelligkeit und ohne Zugtiere, Flugmaschinen könnte man konstruieren, mit denen ein Mensch ... in der Luft mit Flügeln wie ein Vogel fliegen könnte ... Maschinen werden es ermöglichen, auf den Grund der Flüsse und des Meeres zu gelangen.»

Medikamente und Drogen. Die Medizin des frühen Mittelalters war eng mit der Magie verknüpft, Krankheit mit dem Zorn des Allmächtigen. Die Kreuzzüge und der Handel Italiens mit dem Nahen Osten machten Europa mit arabischen Drogen bekannt, und im 11. Jahrhundert begannen medizinische Fakultäten – sieben davon allein in Italien – griechische, arabische und jüdische Medizin zu lehren.

Mit der Verbreitung der Heilkunde wurden Gesundheit und Krankheit zu öffentlichen Anliegen. Schon in der ersten Hälfte des 12. Jahrhunderts wurde auf Sizilien für die Ausübung der Heilpraxis eine Lizenz gefordert. Ein Jahrhundert später, unter Friedrich II., war eine ärztliche Lizenz nur erhältlich nach einem fünfjährigen Studium, zwei Examen an der medizinischen Fakultät der Universität zu Salerno und einem Praktikum bei einem approbierten Arzt.

Öffentliches Gesundheitswesen. Zu den größten Errungenschaften der öffentlichen Gesundheitspflege des Mittelalters rechnet man die Entwicklung der Hospitäler, die im 13. Jahrhundert überall in Europa entstanden. Zunächst bestanden sie aus weißgetünchten Holzbauten, später waren es zwei- und dreigeschossige, von Marmorsäulen getragene Gebäude, um offene Innenhöfe herum gebaut und ebenso reich dekoriert wie die Palastbauten der Zeit. Die ersten Hospitäler wurden von Klöstern errichtet. Mit Aufkommen des Bürgertums und der weltlichen Herrschaft aber wurden sie von Königen, Königinnen und Bankiers gegründet und ausgestattet und von den Stadtverwaltungen betrieben. Anfänglich placierte man die Hospitäler außerhalb der Stadttore, um die Gesunden vor Ansteckung durch die Kranken zu schützen.

St. Bartholomew, das im Jahre 1123 in London von einem normannischen Mönch gegründet wurde, war das erste Krankenhaus mit einem königlichen Freibrief. Noch heute steht es – mit zwischenzeitlich erneuerten Gebäuden – am alten Platz. Auch das Hôtel-Dieu in Paris ist seit dem Ende des 12. Jahrhunderts am alten Ort, nahe Notre-Dame, geblieben. Santa Maria Nuova, gegründet in Florenz im Jahre 1287 durch den Vater von Dantes Beatrice, war so berühmt, daß der englische König und der Papst sich eine Abschrift seiner Statuten kommen ließen. Um 1300 besaß Florenz 30 Spitäler mit Betten für mehr als tausend Patienten.

Als das 14. Jahrhundert zur Neige ging, zeigten sich überall die Früchte der Blüte des Mittelalters – in der Politik, Wirtschaft, Technik und im Sozialwesen. Staatliche Institutionen verhalfen dem einzelnen zu seinem Recht und zu nachbarlichem Frieden. Man konnte seine Söhne auf Schulen schicken, einen besseren Platz in der Gesellschaft erringen, für seine Nachkommen sorgen und sich mit seinem Arbeitsverdienst Bequemlichkeiten verschaffen, die den Vorfahren noch unbekannt gewesen waren. Es gab Krankenhäuser, die für Arme und Alte sorgten, und die zunehmende Hilfe der Medizin. Ein höchstes Maß an Zivilisation war erreicht. Unheil hing aber bereits in der Luft.

8. Zeichen einer neuen Zeit

Dem äußeren Anschein nach begann das 14. Jahrhundert im mittelalterlichen Europa mit einem triumphalen Auftakt. Zu seinem Beginn, im Jahre 1300, proklamierte Papst Bonifatius VIII. eine Feier der Geburt Christi. Dieser Aufruf zu einem Jubiläumsfest der katholischen Kirche hatte einen Zustrom begeisterter Pilgermassen – man hat sie auf zwei Millionen Menschen geschätzt – in die Ewige Stadt zur Folge. Die Fülle der Geschenke und Opfergaben, auf den Altären aufgehäuft, warf ein angenehmeres Problem auf. Ein Chronist berichtet, daß in St. Paul zwei Priester Tag und Nacht damit zu tun hatten, «den nie versiegenden Münzregen zusammenzuharken».

Kirche und Gläubige hatten in gleicher Weise Grund zu glauben, daß das Jubiläumsfest ein gutes Vorzeichen für die kommenden Jahrzehnte sei. In den vergangenen zwei Jahrhunderten hatten die Menschen Fortschritte von unerwartetem Ausmaß erlebt, das Papsttum hatte einen neuen Höhepunkt seiner Macht erreicht. Bonifatius schwebte das Beispiel des Papstes Innozenz III. vor Augen, der so geschickt das Supremat der Kirche über Kaiser und Könige zu behaupten verstanden hatte, daß er fünf von ihnen durch Interdikt oder Exkommunikation zu demütigem Nachgeben zwingen konnte. Bonifatius glaubte auf dem gleichen Wege fortfahren zu können. Aber bereits im dritten Jahr nach dem großen Kirchenjahr sollte er vor Gram über die schlimmste Beleidigung sterben, die jemals einem Pontifex maximus zugefügt worden ist.

Auf dem englischen Thron saß Eduard I., auf dem französischen Philipp der Schöne. Beide waren starke, selbstsichere Persönlichkeiten, die miteinander wegen der noch unter englischer Herrschaft stehenden Gebiete im Streite lagen. Zur Finanzierung ihrer kostspieligen Feldzüge kamen beide auf die gleiche Lösung: sie zogen die Geistlichkeit ihrer Reiche zu Steuern heran. Nach kirchlichem Standpunkt unterlagen die Einkünfte der Kirche aber keinem Abgabezwang, sondern konnten nur von der Kirche selbst eingezogen werden.

1296 erließ daher Papst Bonifatius VIII. die Bulle *Clericis laicos*, nach welcher jedem weltlichen Herrscher, der die Geistlichkeit mit Steuern

Franz von Assisi – eigentlich Giovanni Francesco Bernardone – lebte von 1181 bis 1226. Er zog sich in freiwilliger Armut aus dem weltlichen Leben zurück und gewann bald als wandernder Prediger viele Anhänger.

Das Wachstum königlicher Macht läßt sich gut ablesen an den Veränderungen im Festungsbau. In frühen Zeiten bauten die Herrscher massive Festungen, nicht nur zur Abwehr fremder Eroberer, sondern auch zur Sicherung gegen Überfälle rebellischer Adliger des eigenen Landes. Allmählich jedoch überwog die königliche Autorität, und der Adel kam zur Ruhe. Die neue Sicherheit erlaubte den Herren des Landes, bei der Errichtung ihrer Sitze auch an die Bequemlichkeit zu denken. Spätere Schlösser waren gleichzeitige durchdachte Verteidigungsanlagen und schöne Wohngebäude. Links: Dieser Krönungsthron, der seit 1308 der Inthronisation der englischen Monarchen dient, steht in der Abtei von Westminster.

belegte, und jedem Kirchenmann, der ohne päpstliche Erlaubnis zahlte, Exkommunikation drohte. Eduard und Philipp gehörten jedoch einer neuen Generation weltlicher Herrscher an; der Bannstrahl Roms ließ sie unbeeindruckt. Eduards Antwort auf das Dekret lautete, daß jeder Geistliche, der nicht zahlte, allen Rechtsschutz verlöre und daß sein weltlicher Besitz eingezogen würde. Philipp antwortete mit einem Ausfuhrverbot für Gold, Silber und Edelsteine, wodurch er die päpstliche Schatzkammer einer Haupteinnahmequelle aus Kirchenkollekten in Frankreich beraubte. Bonifatius gab alsbald nach. Er erklärte, er habe nicht die kirchlichen Beiträge zur Verteidigung im Falle ernster Not verbieten wollen. Da die Könige entscheiden konnten, wann «Verteidigung» und «ernste Not» vorlagen, war der Sieg Eduards und Philipps eindeutig.

Ganz gefestigt war er indessen noch nicht. Getragen vom triumphalen Erfolg des Jubeljahres, erwartete Bonifatius, daß die geistige Gefolgschaft, die man ihm in der ganzen Christenheit leistete, den weltlichen Bereich mitumfasse. Er konzentrierte seine Angriffe auf Philipp, um diesen in seine Schranken zurückzuweisen. Im Jahre 1301 setzte der König einen französischen Bischof und ehemaligen päpstlichen Legaten unter Beschuldigung der Verräterei gefangen. Bonifatius verlangte die Freilassung dieses Prälaten und widerrief seine frühere Zustimmung zur Besteuerung der Geistlichkeit. Philipps Antwort im Jahre 1302 bestand darin, französische Adlige, Geistliche und Bürger zusammenzurufen – hier lag der Beginn der Nationalversammlung, der *Etats Généraux* – und ihre uneingeschränkte Unterstützung in seinem Streit mit dem Papst zu fordern.

Einige Monate später erließ Bonifatius die Bulle *Unam sanctam* mit dem extremsten Anspruch des Papsttums auf weltliche Suprematie in der gesamten Kirchengeschichte. Darin brachte Bonifatius seine Meinung unmißverständlich zum Ausdruck. «Es ist unumgänglich notwendig, daß jede menschliche Kreatur dem römischen Pontifex untersteht.» Das Gegenmanöver des Königs war nicht weniger drastisch. Er traf Vorbereitungen, Bonifatius absetzen zu lassen, mit der Begründung, seine Wahl sei unrechtmäßig gewesen. Mit der Durchführung dieses Vorhabens betraute er Wilhelm von Nogaret, einen der listenreichsten Rechtsgelehrten, die Philipp beim Aufbau seines Staates zur Seite standen.

Nogaret war außerdem ein Meister erdichteter Anschuldigungen. Es war bekannt, daß er «freiwillige» Zeugenaussagen verwendete, die dadurch zustande kamen, daß man Zeugen entkleidete, mit Honig bestrich und über einen Bienenstock hängte. Nogaret warf Bonifatius in seiner Anklage nicht nur die Illegalität seiner Wahl, sondern auch Ketzerei, Simonie und Sittenverderbnis vor. Mit der Vollmacht einer Versammlung französischer Prälaten und Adliger ausgestattet, den Papst nach Frankreich zu bringen, um ihn vor ein außerordentliches Kirchenkonzil zu stellen, eilte er nach Italien. Bonifatius, damals 86jährig, war der Hitze Roms entflohen, um den Sommer in seinem Geburtsort Anagni, an den Hängen des Apennin, zu verbringen. Nogaret drang mit einer Schar Bewaffneter in das Schlafzimmer des bejahrten Papstes ein. Ob man ihn mißhandelte, ist umstritten. Daß man ihn mit Beschimpfungen überhäufte, ist sicher. Bonifatius wurde mehrere Tage gefangengehalten. Schließlich erhob sich das einfache Volk von Anagni und befreite ihn. Erschöpft und gedemütigt starb er binnen weniger Wochen.

«Babylonische Gefangenschaft». Anagni bedeutete den Tiefpunkt päpstlicher Macht, wie Canossa, zwei Jahrhunderte früher, das Symbol seines Zeniths gewesen war. Als der Nachfolger Bonifatius' in Rom nach kurzer, erfolgloser Herrschaft starb, trug Philipps gewagter Schlag seine Früchte.

Im Jahr 1305 wählte das Kardinalskollegium einen Franzosen, Clemens V., zum Papst. Clemens setzte nie einen Fuß nach Rom. Er zog es vor, in seiner Heimat zu bleiben und den königlichen Wünschen zur Verfügung zu stehen.

Clemens' Wahl ist der Beginn einer 72jährigen Periode der Kirchengeschichte, die – nach dem langjährigen Exil der Juden in Babylon – als Babylonische Gefangenschaft bezeichnet wurde. Auch die auf Clemens folgenden sechs Päpste, alle französischer Herkunft, beschlossen, nicht in Rom zu residieren. Avignon – am Ufer der Rhone und den königlichen Besitzungen unmittelbar benachbart – wurde Sitz des päpstlichen Stuhles. Aus einem kleinen Städtchen entwickelte sich Avignon zu einer geschäftigen Stadt von 80 000 Einwohnern mit dem ganzen Apparat der kirchlichen Bürokratie und einem prachtvollen päpstlichen Palast. Die Stärke der Päpste von Avignon lag auf finanziellem und verwaltungstechnischem Gebiet. Die geistliche Führung, die sie zu bieten vermochte, war dagegen kraftlos; die Stimme des Statthalters Christi hatte aus Avignon einen weniger majestätischen Klang als aus der Ewigen Stadt. Europa wurde Zeuge der Degradierung des Papsttums, sah, wie die kirchlichen Würdenträger in die Hand der französischen Monarchie gerieten, und begann, der Kirche die kalte Schulter zu zeigen. Man war des Streites zwischen Kirche und Staat müde und vollauf mit anderen Sorgen beschäftigt.

Der «Hundertjährige» Krieg. Zu den Hauptsorgen zählte der Beginn des Hundertjährigen Krieges zwischen England und Frankreich im Jahre 1337. Übrigens ist diese Benennung irreführend. Der Krieg bestand weder aus ununterbrochenen noch aus zusammengerechnet hundertjährigen Kriegshandlungen, sondern aus einer Anzahl unzusammenhängender Kämpfe, in die England und Frankreich schon seit dem Jahre 1066 immer wieder verwickelt waren.

Die alten Reibungen verstärkten sich durch den anmaßenden Geist des neuen Nationalismus. Englische und französische Herrscher sahen das Erstarken des Nationalgefühls nicht ungern. Als Philipps des Schönen jüngster Sohn starb, waren damit die Kapetinger in direkter Linie ausgestorben, und der Thron fiel an seinen Vetter, Philipp VI. Daraufhin erhob Eduard III. von England, dessen Mutter eine Tochter Philipps des Schönen war, Anspruch auf die französische Krone. Er fügte den Löwen auf seinem Waffenrock die französischen Lilien hinzu und führte persönlich ein Invasionsheer in die Normandie.

Der Kampf begann mit einer Schlacht, die im Jahre 1346 bei Crécy, nördlich von Paris, stattfand. Obwohl das französische Heer dem englischen an Zahl weit überlegen war, sorgte Eduard für eine tödliche Überraschung. Seine Reiter wurden von Schützen flankiert, die mit einer verheerenden Waffe ausgerüstet waren, den Langbögen. Auch die französische Streitmacht besaß Bogenschützen – genuesische Söldner –, aber ihre herkömmlichen Armbrüste waren veraltet. Der Langbogen konnte fast meterlange Pfeile über eine Entfernung von mehr als 350 m schießen, und zwar fünf bis sechs Stück in der Minute, gegenüber nur einem Armbrustpfeil in der gleichen Zeit. Die Engländer überschütteten die Reihen der feindlichen Reiter mit Pfeilen in solchen Mengen, daß es in der Chronik Froissarts heißt, «sie fielen wie Schnee».

Nach Crécy schäumte das Nationalgefühl der Engländer über. Der Krieg fand den vollen Beifall der Bevölkerung. Begreiflicherweise betrachteten die Franzosen ihn mit Widerwillen. Zu den unvermeidlichen Verheerungen war ein neues Unheil getreten. Beide Heere hatten Söldner angeworben, die gegen Sold fochten, also nicht mehr in dem früheren, feudalen Dienstverhältnis standen. In den Kampfpausen durchstreiften englische Söldner und genuesische Mietlinge das Land, genau wie früher barbarische Horden. Weite Landstriche Frankreichs wurden verwüstet, Ernten und Gehöfte niedergebrannt, aller Hausrat gestohlen und die Einwohner restlos ausgeplündert, wenn nicht mutwillig getötet.

Der «Schwarze Tod». Während Frankreich litt und England sich des Sieges freute, erwartete sie beide ebenso wie den ganzen übrigen Kontinent eine Katastrophe ungekannten Ausmaßes. Aus dem Osten kam eine schreckliche Seuche. Heutige Forscher glauben, daß es sich um eine Abart der Beulenpest handelte. Zeitgenössische Berichte sprechen vom Schwarzen Tod, weil ihre ersten, furchtbaren Zeichen dunkle Flecken auf der Haut waren. Der Schwarze Tod raffte die Befallenen in ein bis drei Tagen dahin, nachdem sie in unsäglichen Qualen Blut gespien und im Delirium gelegen hatten und von hühnereigroßen Beulen bedeckt gewesen waren.

Die mittelalterlichen Geschichtsschreiber hielten die Mongolen, die aus Asien nach Westen vorgedrungen waren und damals die genuesische Handelsstation von Kaffa am Schwarzen Meer belagerten, für die Urheber der Seuche. Unter den Asiaten ging die Pest um. Wann immer einer ihrer Soldaten ihr erlag, katapultierten sie den Toten über die Mauern von Kaffa. Ratten schleppten die Krankheit auf den heimkehrenden italienischen Schiffen ein, und im April 1348 brach sie in Florenz aus. Noch im selben Jahr verbreitete sie sich über ganz Italien und Frankreich. England erreichte sie 1349, Deutschland und Skandinavien 1350. Die Zahl ihrer Opfer wird auf ein Viertel bis auf die Hälfte der europäischen Bevölkerung geschätzt.

Die Auswirkungen des Krieges waren nur «Nadelstiche» im Vergleich zu den tragischen Folgen der Pest. Die Nahrungsmittel wurden knapp, denn mancherorts war niemand mehr, um den Boden zu bestellen oder die Bestellung zu beaufsichtigen. Der Handel geriet ins Stocken. Schulen, Universitäten und karitative Einrichtungen schlossen mangels qualifizierter Kräfte. Das Handwerk erlitt unersetzliche Verluste durch den Tod zahlreicher Meister, die ihr Können den Lehrlingen sonst mitgeteilt hatten. Dieser scharfe Bruch der Kontinuität ergriff alle Lebensbereiche.

Das Ausmaß des Unheils führte zu der weitverbreiteten Überzeugung, die Pest sei eine göttliche Heimsuchung für begangene Sünden. Furcht und Schrecken der Pest riefen Extreme hervor. Einige verloren ihren Glauben vollständig und gingen zu Satanskulten über. Andere überließen sich exzessiven religiösen Rasereien. Viele schlossen sich den Flagellanten an, die glaubten, sich von den Sünden reinigen zu können und dem himmlischen Strafgericht durch Selbstgeißelung mit eisendornbesetzten Lederpeitschen zu entgehen. Wieder andere suchten Trost in Aberglauben, Selbtanschuldigung und mystischer Ekstase. Es bildeten sich krankhafte Neigungen zum Grotesken, zum Abstoßenden und zur Todessehnsucht. Abhandlungen über die *Ars moriendi,* die Kunst des Sterbens, wurden ungeheuer populär.

Die Pest warf außerdem lange Schatten in Gestalt sozialen Unfriedens. In einer Reihe europäischer Länder geriet die wohlgeordnete Struktur der mittelalterlichen Gesellschaft ins Wanken durch Aufstände der Bauern und Handwerker gegen den Adel und den wohlhabenden Kaufmannsstand.

Frankreich erlebte die erste dieser Erschütterungen. Kaum hatten die Franzosen die niederschmetternden Schläge des Schwarzen Todes empfangen, als sie sich gegen eine neue englische Invasion im Südwesten behaupten mußten. Im Jahre 1356 erlitten die französischen Streitkräfte bei Maupertuis bei Poitiers eine ebenso vollständige Niederlage wie 1346 bei Crécy. Eduard III. unterstellte seine Truppen der Führung seines ältesten Sohnes Eduard, genannt der Schwarze Prinz, weil er eine schwarze Rüstung zu tragen pflegte. Mit der gleichen Strategie wie sein Vater errang der Prinz einen durchschlagenden eigenen Erfolg. Er nahm den französischen König, Johann II., den Sohn Philipps VI., gefangen und schaffte ihn nach London.

Volksaufstände. Die französische Regierung verlor die Zügel aus der Hand, und die aufgespeicherte Volkswut begann sich zu entladen. Der Dauphin von Frankreich, der in Abwesenheit seines Vaters in Paris regierte, mußte die Stadt fluchtartig verlassen, nachdem der Mob ihn zuvor in entwürdigender Weise zum Tragen einer Kappe in den blau-roten Farben des Volksaufstandes gezwungen hatte. Noch unheilvollere Ereignisse erschütterten den Norden des Landes. Dort tobte ein Bauernaufstand, bekannt als die Jacquerie. Jacques war der Spitzname des französischen Bauern. Dieser Jacques nährte einen höchst eigenen Zorn gegen seinen Grundherrn, der —

Mit den sehr rasch anwachsenden Städten wuchsen auch die Nachteile des Stadtlebens. Solche engen Gassen bargen viele Gesundheitsgefahren für ihre Bewohner. In diesen kalten und feuchten Straßen forderten die Erkrankungen der Atmungsorgane zum Beispiel ihren unerbittlichen Tribut.

obwohl er es verabsäumt hatte, seine Untertanen vor den Verheerungen des Krieges und den Plünderungen der Söldnerheere zu schützen — weiterhin auf seinen herkömmlichen Einkünften und Dienstleistungen bestand. In Haufen fielen die Bauern über ihre Herren her und steckten die Gutshäuser in Brand. Aber Knüppel und Sensen waren Schwertern und Lanzen nicht gewachsen. Der Aufruhr wurde erstickt, und grausame Vergeltungsmaßnahmen folgten auf dem Fuße. Bekannte Aufrührer wurden vor ihren eigenen Häusern erhängt und ganze Dörfer dem Erdboden gleichgemacht.

Der gleiche Rebellionsgeist ging in England um. Die Pest hatte einen bedenklichen Landarbeitermangel verursacht, wodurch die überlebenden Bauern sich ermutigt fühlten, mehr Lohn zu verlangen. Wurde ihnen dieser abgeschlagen, so liefen sie davon, zu neuen, besser zahlenden Brotherren. Das Parlament — zum großen Teil Landbesitzer — war entsetzt. Im Jahre 1351 billigte es ein Gesetz (Statute of Labourers), das jedermann mit Gefängnis bedrohte, der sich weigerte, zu den vor Ausbruch der Pest geltenden Löhnen zu arbeiten. Aber weder dieses Gesetz noch eine Reihe weiterer ähnlicher Verordnungen ließen sich hinreichend durchsetzen. Überall schwelte Groll über die versuchten Zwangsmaßnahmen; er kochte über, als das Kriegsglück England verließ und sich Frankreich zuwandte.

Das Hauptverdienst an dieser militärischen Wende lag bei dem hervorragenden bretonischen General Bertrand du Guesclin. Der Dauphin, den der Pöbel von Paris seinerzeit verhöhnt hatte, saß jetzt als Karl V. auf dem Thron. Ihn rief die Bevölkerung von Südwestfrankreich im Jahr 1369 gegen die Unterdrückungsherrschaft des Schwarzen Prinzen zu Hilfe. Im Vertrauen auf seinen militärischen Oberbefehlshaber ließ Karl den Krieg wiederaufleben. Bis zu seinem Tode im Jahr 1380 hatte sich diese Entscheidung glänzend bewährt. Innerhalb von 10 Jahren hatte du Guesclin die Engländer aus fast allen ihren Herrschaftsgebieten in Frankreich vertrieben, ausgenommen die Häfen Calais, Bordeaux und Bayonne.

Nun war die Reihe an England, den Krieg zu verabscheuen und eine festgefahrene Regierung zu erleben. Eduard III., der Held von Crécy, war im Jahre 1377 altersschwachsinnig gestorben. Sein Sohn, der Schwarze Prinz, starb schon ein Jahr vor ihm. Dessen Sohn, Richard II., war erst 10 Jahre alt, als man ihn krönte, und regierte unter der Leitung eines Zwölferrates. Das Parlament erließ zur Fortfinanzierung des Krieges eine neue, sogenannte Kopfsteuer. Jeder Engländer mußte sie zahlen.

Pesttote werden im Jahre 1349 in Tournai in einem Massengrab beigesetzt. Die gefürchtete Beulenpest, damals der Schwarze Tod genannt, raffte in sieben Jahren etwa ein Viertel der Bevölkerung Europas dahin.

Als Festungsartiger Herrensitz, Wohnhaus und Bollwerk zugleich, erhebt sich Bodiam Castle aus einem künstlich angelegten See in England. Bodiam wurde im Jahre 1385 erbaut, um Widerstand gegen die Franzosen zu leisten; es wurde aber niemals umkämpft.

Diese Kopfsteuer brachte beim einfachen Volk die Schale des Zorns zum Überlaufen. Im Jahre 1381 brach eine offene Revolte aus. Unter einem ehemaligen Soldaten namens Wat Tyler zogen Rebellen aus Kent und Essex gegen London. Sympathisierende Handwerker öffneten ihnen die Tore, die Ankömmlinge eröffneten ein Massaker. Unter den hohen Würdenträgern, die sie ermordeten, befand sich der Erzbischof von Canterbury, unter den Gebäuden, die sie in Brand setzen, das Stadthaus John of Gaunts, des Onkels des Königs. Nach dreitägigem Terror forderten sie den König selbst heraus. Richard, nunmehr 14jährig, trat unter sie und versprach ihnen die

Erfüllung all ihrer Forderungen, darunter die nach gerechteren Steuern und Abgaben und die Abschaffung der Leibeigenschaft. Anderntags jedoch, bei einer zweiten Unterhandlung, erschlug ein Mitglied des königlichen Gefolges Wat Tyler, worauf die Revolte zusammenbrach. Tylers Anhänger ließ man laufen. Ihre Forderungen blieben unerfüllt, und es erwartete sie – wie in dem französischen Aufstand – daheim die Vergeltung ihrer Grundherren.

Dennoch zeitigte die Empörung nachhaltige Wirkungen. Nie wieder wurde in den Zeiten des Mittelalters eine Kopfsteuer erhoben. Die Leibeigenschaft begann nach und nach «auszusterben». Noch bedeutsamer aber war, daß der Leibeigene auf dem Lande und der Handwerker in der Stadt nun durch gemeinsame Bande verbunden waren. Das einfache Volk hatte seinen Nöten in Worten und Taten Ausdruck verliehen. Dem englischen Aufstand folgte eine der denkwürdigsten Erklärungen über die Gleichheit der Menschen, die je verkündet wurde. Ihr Autor war ein Geistlicher aus Kent, John Ball. Die höheren Schichten hielten ihn für verrückt, aber das Volk hörte auf ihn. «Durch welches Recht sind die, die wir Herren nennen, besser als wir?» fragte Ball. «Wenn wir alle von den gleichen Ureltern, Adam und Eva, abstammen, wie können sie dann behaupten oder beweisen, daß sie besser sind als wir, außer dadurch, daß sie Gewinn aus unserer Arbeit ziehen, den sie in ihrem Hochmut verschwenden?» Im Volksmund wurde Balls Predigt reduziert auf den einfachen Reim: «Als Adam grub und Eva spann, wer war denn da der Edelmann?»

Balls Einfluß wurde noch übertroffen durch den John Wycliffes, eines Oxforder Universitätslehrers. Wycliffe nährte die Flamme des Gleichheitsgefühls nicht mit sozialen, sondern mit religiösen Argumenten. Das Heil des einzelnen liege – so sagte er – in seinem eigenen Glauben und Verhalten. Er bestritt nicht nur das Recht der Geistlichkeit zur Erteilung der Sakramente, sondern auch die Richtigkeit der Transsubstantiationslehre, die erklärte, daß Brot und Wein bei der Messe durch priesterliches Weihwort zum Leibe und Blute Christi würden. Wycliffe behauptete, daß der Gläubige nicht des Leibes Christi teilhaftig, sondern durch seinen Glauben mit ihm im Geiste vereint werde. Niemand bedürfe der Kirche, um in Glauben und Religionsausübung geleitet zu werden. Man könne die Bibel direkt befragen. In Verfolgung dieser Lehre verfaßten Wycliffe und seine Anhänger eine englische Bibelübersetzung, damit das Volk sie auch selbst lesen konnte.

Eine Zeitlang genoß Wycliffe hohes Ansehen in der Bevölkerung und deren Unterstützung. Seine Theorie gipfelte in der Forderung, die Kirche solle sich ihrer weltlichen Güter begeben – oder ihrer entkleidet werden – und wieder zu der Armut der Apostel zurückkehren. Jahrelang hatten die Engländer den Abfluß englischen Goldes und Silbers in die päpstlichen Kassen zu Avignon mit angesehen – nicht ohne den Argwohn, dadurch die französischen Feldzüge gegen sich selbst zu finanzieren. Das Parlament hatte im Jahre 1351 versucht, die übernationale Macht des Papsttums durch ein Gesetz zu brechen, das praktisch die Einsetzung von Ausländern in englische Kirchenpfründen verhinderte. Ein weiteres Gesetz von 1353 schloß in Rechtsstreitigkeiten die Berufung gegen englische Gerichtsurteile bei ausländischen Gerichten aus. Keines dieser Statute verhinderte jedoch, daß Avignon sich weiterhin seiner englischen Geldquellen erfreute. Im Jahre 1376 stellte ein Parlamentsbericht fest, daß die vom Papst in England erhobenen Abgaben fünfmal so hoch waren wie die Einnahmen des Königs.

Wycliffes Vorschlag, die Kirche aller Besitztümer zu berauben, die sie nicht für religiöse Zwecke benötigte, brachte ihm einflußreiche Gönner, die nur zu gern bereit waren, bei dem vorgeschlagenen Besitzwechsel Hilfe zu leisten. Nur wenige folgten dagegen seinem unorthodoxen Angriff auf die Transsubstantiation. Nachdem er beschuldigt worden war, den Bauernaufstand geschürt zu haben, verlor er höhernorts noch mehr an Unterstützung. Wycliffes Lehren wurden verdammt, er verließ Oxford und starb im Jahre 1384, bis zum Schluß seine Meinungen in Abhandlungen veröffentlichend.

Sein Leben hinterließ tiefen Eindruck bei vielen Menschen und an den verschiedensten Orten. Seine Landsleute hatten nun ihre eigene Bibel und hinreichend Stoff zum Nachdenken. Im fernen Böhmen nahmen zwei Gelehrte, Hieronymus von Prag und Johann Hus, Wycliffes Gedanken auf und verbreiteten sie in Mitteleuropa, wo etwa ein Jahrhundert später die protestantische Reform entstehen sollte. Auch innerhalb der Kirche selbst gab es Männer, welche die Zeichen der Zeit sahen und die Notwendigkeit einer Erneuerung des Glaubens erkannten.

Das große Schisma. Ein Schritt in dieser Richtung war mit der Rückkehr Gregors XI. von Avignon nach Rom im Jahr 1377 getan worden. Doch war die Freude über die Wiedererrichtung des Heiligen Stuhls in der Ewigen Stadt nur von kurzer Dauer. Gregors Tod vor Ablauf von Jahresfrist machte die Wahl eines neuen Papstes notwendig. Das Kardinalskollegium, noch immer vornehmlich mit Franzosen besetzt, beugte sich dem Geschrei des römischen Pöbels und wählte einen Italiener, Urban VI. Anschließend fochten die französischen Kardinäle jedoch die Wahl an, weil man das Kollegium eingeschüchtert habe. Aus ihrer Mitte wählten sie einen anderen Papst, Clemens von Avignon.

So begann das dunkle Kapitel, das in der Kirchengeschichte als das Große Schisma bekannt ist und 39 Jahre dauerte. Jeder Papst besaß ein eigenes Kardinalskollegium, um durch ordnungsgemäße Wahl die gewünschte päpstliche Nachfolge zu sichern. Jeder Papst erhob den Anspruch, der echte Vertreter Christi auf Erden zu sein, bevollmächtigt, diejenigen zu exkommunizieren, die ihn nicht anerkannten.

Wiederholte Versuche, den Bruch zu heilen, scheiterten schon an Fragen

Dieses Steinrelief aus einer Kathedrale stellt eine Szene des Jüngsten Gerichtes dar. Dem Menschen des Mittelalters stand der Tag des Jüngsten Gerichtes drohend bevor. Seiner Ankunft war man sich schaudernd bewußt. Um Mitternacht dieses schrecklichen Tages mußten alle Seelen in ihren Körpern vor dem Schöpfer erscheinen. Jede würde gewogen werden (oben), wie Dante schreibt: «Durch ihr Verdienst, durch Schuld ist sie bestimmt zum Lohn des Höchsten oder zur Verdammnis.» – Sünder würden zur Hölle geführt werden, die manchmal als Maul eines Ungeheuers dargestellt wurde. In der Höllenvision der Nonne Hildegard von Bingen wurden «die einen verbrannt, andere mit Schlangen gegürtet . . . Ich sah Teufel mit glühenden Geißeln um sich schlagen.»

Die Seelen der Verdammten, getrennt von den Seligen und mit trostlosen Gebärden der

wie der, welcher Papst das Recht habe, ein kirchliches Konzil einzuberufen. Einige der rivalisierenden Kardinäle verhandelten indessen so lange miteinander, bis ein Konklave in Pisa im Jahre 1409 zustande kam, auf welchem nach Absetzung beider Päpste ein neuer Papst gewählt wurde. Aber keiner der abgesetzten Päpste akzeptierte das Verdikt. Das Papsttum hatte hinfort nicht zwei, sondern drei Amtsinhaber.

Diese groteske Entwicklung stiftete so viel Verwirrung in Europa, daß dessen politische Führer aktiv wurden. Von 1414–1418 beherbergte Kon-

Angst, werden von einem schwertschwingenden Engel in die Hölle getrieben.

stanz ein großes internationales Konzil, zu dem sich nicht nur Prälaten einfanden, sondern auch Vertreter der Könige und Fürsten, die im Namen und Interesse ihrer Nationen auftraten. Das Konzil bewegte schließlich einen der päpstlichen Amtsinhaber zur Abdankung, setzte die beiden anderen ab und wählte einen neuen Pontifex, Martin V. Einer der abgesetzten Päpste, Benedikt XIII. von Avignon, hielt zwar an seinem Anspruch fest, aber praktisch endete das Schisma mit dem Konstanzer Konzil.

Während das Konzil noch tagte, begann sich auch ein anderes Problem des mittelalterlichen Europa langsam zu lösen, der Hundertjährige Krieg. Im Jahre 1415 waren die Feindseligkeiten durch Englands stolzen jungen König Heinrich V. erneuert worden. Bei Agincourt, nicht weit von dem Ort des großväterlichen Triumphes von Crécy, bedrängten ähnliche Strategie und die gleichen verhängnisvollen Langbogen wiederum die Franzosen. Durch die Normandie vorrückend, fand Heinrich in dem Herzog von Burgund, einem Verwandten, aber erbitterten Gegner des schwachen Karl VI. von Frankreich, einen hervorragenden Bundesgenossen. Karl, bekannt für sein unberechenbares Verhalten, ließ eine der abstoßendsten Szenen über die europäische Bühne gehen, nachdem die Burgunder Paris erobert hatten: Er verstieß seinen eigenen Sohn, gab seine Tochter Heinrich zur Ehe und setzte diesen zu seinem Erben ein.

Einer völligen Besitzergreifung Frankreichs durch England schien nichts mehr im Wege zu stehen. Karl und Heinrich starben zwei Jahre nach Abschluß ihres sonderbaren Paktes. Der noch unmündige Sohn Heinrichs wurde als Heinrich VI. zum König beider Reiche proklamiert. Ein königlicher Onkel, der Herzog von Bedford, begann guten Mutes mit der Belagerung der Stadt Orléans, dem Tor zum bisher noch unbezwungenen Mittel- und Südfrankreich.

Jeanne d'Arc. Hier nun geschah es, daß ein einfaches Bauernmädchen den Lauf der Geschichte wendete. Jeanne d'Arc (1412–1431) war überzeugt, Stimmen von Heiligen zu hören, die sie aufriefen, ihr Land zu retten. Sie verließ ihr Heimatdorf in Lothringen, fand ihren Weg durch die von den Engländern und Burgundern kontrollierten Gebiete hindurch nach Chinon, dem Hauptquartier des enterbten Sohnes Karls VI., und sprach zu dem jungen Karl über ihre göttliche Sendung. Beeindruckt, aber auf seiner Hut, ließ Karl zunächst einige Theologen untersuchen, ob er es etwa mit einer Hexe zu tun hatte. Für untadelig erklärt, sandte er sie mit wenigen Truppen nach Orléans.

Immerdar rühmen und betrauern seitdem die Franzosen Johannas weiteres Schicksal. In männlicher Rüstung auf einem weißen Pferd begeisterte sie ihre Soldaten und die Belagerten von Orléans dermaßen, daß die Stadt befreit werden konnte und die Engländer in wirrem Durcheinander flohen. Sie stand neben dem Dauphin, als dieser am 17. Juli 1429 in der großen Kathedrale zu Reims als Karl VII. gekrönt wurde. Monate danach fingen die Burgunder sie und verkauften sie an die Engländer. Unter englischem Druck sprach sie ein kirchliches Gericht der Ketzerei schuldig. Der Mann, der ihr den Thron verdankte, unternahm keinerlei Versuch, sie zu retten. Im Jahre 1431 wurde die Jungfrau von Orléans auf dem Marktplatz von Rouen auf dem Scheiterhaufen verbrannt.

Nach einem Vierteljahrhundert revidierte die Kirche ihr Urteil, und nach annähernd fünf Jahrhunderten wurde Jeanne d'Arc heiliggesprochen; ihre

Jeanne d'Arc (1412–1431) als siegreiche «Jungfrau von Orleans» in einer Skizze aus dem Jahre 1429. Obwohl dies das einzige zeitgenössische Bild Johannas ist, ist es doch kein Porträt, denn der Hofschreiber, der es zeichnete, hatte Johanna niemals zu Gesicht bekommen.

Kanonisierung erfolgte 1920. Ihre Landsleute jedoch, in denen sie flammenden Patriotismus geweckt hatte, machten sich ihr eigenes Urteil über sie. Mitgerissen von ihrem Mut, begannen sie die Eroberer zurückzuwerfen. Als der Hundertjährige Krieg 1453 endete, gehörte den Engländern nur noch Calais.

Zeichen einer neuen Zeit. Überall waren die Zeichen einer neuen Zeit sichtbar. In eben demselben Jahr 1453 nahmen die Türken Konstantinopel ein. Im Osten des Mittelmeeres blockiert, wandten sich die Europäer mit ihren Unternehmungen in wachsendem Maße der entgegengesetzten Himmelsrichtung zu. 1456 entdeckten beherzte portugiesische Seefahrer, die sich

Hoch über den Ebenen der Normandie — auf der Kuppe eines Felsrückens — erhebt sich der einzigartige Kirchenkomplex des Mont-Saint-Michel, der für viele der Inbegriff des Mittelalters ist. Nach einer alten Urkunde wurde im 8. Jahrhundert zunächst eine kleine Kapelle erbaut, die längst verschwunden ist. Die heutige vielgeschossige Anlage aus über sechs Jahrhunderten umfaßt die ganze Skala mittelalterlicher Architektur vom strengen Frühromanischen bis zur späten Gotik.

Zu diesem berühmten Wallfahrtsort strömten Pilger aus aller Herren Länder. Könige, Geistliche und Bauern beteten gemeinsam in der Kirche. Vor der Aufschüttung eines Dammes im Jahre 1879 war das Heiligtum bei Flut unzugänglich.

über 400 Meilen weit in den Atlantik hinausgewagt hatten, die Kapverdischen Inseln.

Die zweite Hälfte des 15. Jahrhunderts sah die Geburt Niccolò Machiavellis, der einen Wandel in den Vorstellungen seiner Zeitgenossen von Politik und Staatskunst herbeiführen, Martin Luthers, der die religiösen

Ideen revolutionieren sollte, und Leonardo da Vincis und Michelangelo Buonarrotis, die berufen waren, die Kunst auf neue Höhen zu führen. Die Epoche des Mittelalters hatte ihr Ende gefunden. Der Boden, den dies Zeitalter bereitet hatte, gab den kommenden Generationen Nahrung.

Literaturhinweise

Allgemeines

BORST, A.: Das Mittelalter. (Propyläen-Bibliothek der Weltgeschichte) Propyläen-Verlag, Berlin 1968.

BRUNNER, O., u. a.: Hohes und spätes Mittelalter. (Historia mundi 6). A. Francke Verlag, München und Bern 1958.

GENICOT, L.: Geistliches Leben im Mittelalter. (Der Christ in der Welt 8,4) Paul Pattloch, Aschaffenburg 1959.

HAMPE, K.: Das Hochmittelalter. Geschichte des Abendlandes 900 bis 1250. 5. Aufl., Böhlau Verlag, Köln 1963.

HUIZINGA, J.: Herbst des Mittelalters. Studien über Lebens- und Geistesformen des 14. und 15. Jahrhunderts in Frankreich und den Niederlanden. (Kröners Taschenausgaben 204) 9. Aufl., Alfred Kröner Verlag, Stuttgart 1965.

KLAUSER, R./MEYER, O.: Clavis mediaevalis. Kleines Wörterbuch der Mittelalterforschung. 2. Aufl., Otto Harrassowitz Verlag, Wiesbaden 1966.

QUIRIN, K. H.: Einführung in das Studium der mittelalterlichen Geschichte. 4. Aufl., Georg Westermann Verlag, Braunschweig 1964.

SEIDLMAYER, M.: Das Mittelalter. Umrisse und Ergebnisse des Zeitalters. Unser Erbe. (Kleine Vandenhoeck-Reihe 247/48) 2. Aufl., Vandenhoeck & Ruprecht 1967.

SOUCHAL, F.: Das hohe Mittelalter (Kunst im Bild) Holle Verlag GmbH, Baden-Baden 1968.

WAAS, A.: Der Mensch im deutschen Mittelalter. 2. Aufl., Böhlau Verlag, Köln 1966.

Staatslehre

BRUNNER O.: Land und Herrschaft. Grundfragen der territorialen Verfassung Österreichs im Mittelalter. 5. Aufl., R. M. Rohrer Verlag, Wien 1965.

GANSHOF, F. L.: Was ist das Lehnswesen? 2. Aufl., Wissenschaftliche Buchgesellschaft, Darmstadt 1967.

HINTZE, O.: Wesen und Verbreitung des Feudalismus. In: Hintze: Gesammelte Abhandlungen 1. 2. Aufl., Vandenhoeck und Ruprecht, Göttingen 1962.

HIPPEL E. v.: Allgemeine Staatslehre. 2. Aufl. Franz Vahlen GmbH, Berlin 1967.

KÜCHENHOFF, G./KÜCHENHOFF, E.: Allgemeine Staatslehre. 6. Aufl., W. Kohlhammer GmbH, Stuttgart, Köln, Berlin und Mainz 1967.

MAGER, W.: Zur Entstehung des modernen Staatsbegriffs (Abhandlungen der Akademie der Wissenschaft und Literatur der Geistes- und sozialwissenschaftlichen Klasse) Franz Steiner Verlag GmbH, Wiesbaden 1968.

MITTEIS, H.: Der Staat des hohen Mittelalters. Grundlinien einer vergleichenden Verfassungsgeschichte des Lehnszeitalters. 7. Aufl., Böhlau Verlag, Köln 1962.

SCHLESINGER W.: Beitrag zur deutschen Verfassungsgeschichte des Mittelalters. 2 Bde., Vandenhoeck & Ruprecht, Göttingen 1963.

WEINACHT, P.-L.: Staatliche Studien zur Bedeutungsgeschichte des Wortes von den Anfängen bis ins 19. Jahrhundert. Dunker & Humblot, Berlin 1968.

Zunftswesen

KEUTGEN, F.: Ämter und Zünfte. Zur Entstehung des Zunftwesens. Scientia Antiquariat und Verlag, Aalen 1965.

RUMPF, M.: Deutsches Handwerkerleben und der Aufstieg der Stadt. W. Kohlhammer GmbH, Stuttgart, Köln, Berlin und Mainz 1955.

WERNET, W.: Handwerksgeschichte als Forschungsgegenstand. 2 Tle., (Forschungsbericht aus dem Heft 4–5) Handwerkswissenschaftliches Institut, München 1961.

WERNET W.: Handwerks- und Industriegeschichte (Sammlung Poeschel P 24, R 3) C. E. Poeschel Verlag GmbH, Stuttgart 1963.

WERNET, W.: Kurzgefaßte Geschichte des Handwerks in Deutschland. 2. Aufl., Verlagsanstalt des Westdeutschen Handwerks, Dortmund 1956.

Kirchengeschichte

EICHMANN, E./MÖRSDORF, K.: Lehrbuch des Kirchenrechts auf Grund des Codex Juris Canonici. (Wissenschaftliche Handbibliothek) 3 Bde., 10.–11. Aufl., Ferdinand Schöningh KG, Paderborn 1961–64.

FRANZEN, A.: Kleine Kirchengeschichte. (Herder Bücherei 237–38) Herder Verlag KG, Freiburg i. Breisgau 1965.

GUILLEMAIN, B.: Die abendländische Kirche des Mittelalters. (Der Christ in der Welt 11,3) Paul Pattloch, Aschaffenburg 1960.

HEUSSI, K.: Kompendium der Kirchengeschichte. 12. Aufl., J. C. B. Mohr (Paul Siebeck), Tübingen 1960.

KANTZENBACH, F. W.: Die Geschichte der christlichen Kirche im Mittelalter. (Evangelische Enzyklopädie 15/16) Gütersloher Verlagshaus Gerd Mohn, Gütersloh 1966.

KAWERAU, P.: Geschichte der alten Kirche. (Lehrbuch der Kirchengeschichte 1) N. G. Elwert, Marburg 1967.

KAWERAU, P.: Geschichte der mittelalterlichen Kirche. (Lehrbuch der Kirchengeschichte 2) N. G. Elwert, Marburg 1967.

KÖHLER, H.: Grundzüge der Kirchengeschichte. Friedrich Pustet, Regensburg 1968.

LIETZMANN, H.: Geschichte der alten Kirche. 3.–4. Aufl., W. Kohlhammer GmbH., Stuttgart 1961.

LORTZ, J.: Geschichte der Kirche in ideengeschichtlicher Betrachtung. 22.–23. Aufl., 2 Bde., Aschendorff'sche Verlagsbuchhandlung, Münster/Westf. 1964.

MOELLER, B.: Geschichte des Christentums. Vandenhoeck & Ruprecht, Göttingen 1965.

RETZBACH, A.: Das Recht der katholischen Kirche nach dem Codex Juris Canonici. 7. Aufl., Herder Verlag KG, Freiburg i. Breisgau 1963.

SCHMIDT, K. D.: Grundzüge der Kirchengeschichte, Vandenhoeck & Ruprecht, Göttingen 1967.

SCHWARTZ, E.: Zur Geschichte der alten Kirche. 3.-4. Aufl., 4 Bde., Walter de Gruyter & Co. Berlin 1960.

THIMME, M.: Geschichte der Kirche Jesu Christi. 2. Aufl., Lettner-Verlag, Berlin 1966.

Päpste und Konzilien

DILLMAYR, H.: Die großen vier Konzilien. Nicea, Konstantinopel, Ephesus, Chaldecon. Kösel Verlag O. Huber KG, München 1961.

GONTARD, F.: Die Päpste und die Konzilien. Kurt Desch Verlag GmbH, München 1963.

HAIDACHER, A.: Geschichte der Päpste in Bildern. F. H. Kerle, Heidelberg 1965.
HALLER, J.: Das Papsttum. Idee und Wirklichkeit. 5 Bde., Dr. Kurt Port Verlag GmbH, Esslingen 1962.
HALLIS, CH.: Urbi et Orbi. Das Papsttum und seine Geschichte. Scherz Verlag GmbH, München und Bern 1964.
HENZE, A.: Das große Konzilienbuch. Ein Kapitel Weltgeschichte aus Bildern, Bauten, Dokumenten. Josef Keller Verlag, Starnberg 1962.
HOLTZMANN, W.: Beiträge zur Reichs- und Papstgeschichte des hohen Mittelalters. (Bonner historische Forschungen 8) Ludwig Röhrscheid Verlag GmbH, Bonn 1957.
JEDIN, H.: Kleine Konziliengeschichte. (Herder Bücherei 51) 7. Aufl., Herder Verlag KG, Freiburg i. Breisgau 1966.
MATT, L./KÜHNER, H.: Die Päpste. Von Petrus bis Paul VI. Echter-Verlag, Würzburg 1963.
SCHRAMM, P. E.: Kaiser, Könige und Päpste. 4 Bde., Anton Hiersemann, Stuttgart 1968ff.
SEPPELT, F. X./SCHWAIGER, G.: Geschichte der Päpste. Von den Anfängen bis zur Gegenwart. 4. Aufl., Kösel Verlag O. Huber KG, München 1964.
STÜRMER, K.: Konzilien und Ökumenische Kirchenversammlungen. Abriß einer Geschichte. (Kirche und Konfession 3) Vandenhoeck & Ruprecht, Göttingen 1962.
ULLMANN, W.: Die päpstliche Machtstellung im Mittelalter. Styria Verlag, Graz, Wien und Köln 1959.

Kirchenmusik

GENRICH, F.: Aus der Formenwelt des Mittelalters. 2. Aufl., Selbstverlag, Langen 1962.
HUSMANN, H.: Mittelalterliche Mehrstimmigkeit. (Das Musikwerk 9) Arno Volk Verlag, Berlin 1961.

Kunst

AUBERT, M.: Hochgotik. (Kunst der Welt. Die Kulturen des Abendlandes) Holle Verlag GmbH, Baden-Baden 1963.
Blüte des Mittelalters. Hg. v. J. EVANS. (Knaurs große Kulturen in Farben) Droemer'sche Verlagsanstalt Th. Knaur Nachf., München 1966.
BUSCH, H./LOHSE, B.: Vorromanische Kunst und ihre Wurzeln. (Monumente des Abendlandes) Umschau Verlag, Frankfurt am Main 1965.
JANTZEN, H.: Die Geschichte des Abendlandes. Idee und Wandel. (DuMont Dokumente. Kunstgeschichte, Deutung, Dokumente) M. DuMont Schauberg, Köln 1962.
STEINEN, W. v. DEN: Homo caelestis. Das Wort der Kunst im Mittelalter. 2 Bde., A. Francke Verlag, München und Bern 1965.
WEIGERT, H.: Gotische Plastik in Europa. (Monumente des Abendlandes) 2. Aufl., Umschau Verlag, Frankfurt am Main 1966.
WILM, H.: Die gotische Holzfigur. Ihr Wesen und ihre Entstehung. 2. Aufl., J. B. Metzlersche Verlagsbuchhandlung, Stuttgart 1962.

Baukunst

BRANDMANN, G.: Mittelalter. Baukunst als Bedeutungsträger. 3. Aufl., Gebr. Mann Verlag GmbH, Berlin 1965.
GERSTENBERG, K./DOMKE, H.: Baukunst der Gotik in Europa. (Monumente des Abendlandes. Baukunst) 6. Aufl., Umschau Verlag, Frankfurt am Main 1966.
GÖTZ, W.: Zentralbau und Zentralbautendenz in der gotischen Architektur. Gebr. Mann GmbH, Berlin 1968.
SIMSON, O. v.: Die gotische Kathedrale. Beiträge zu ihrer Entstehung und Bedeutung. Wissenschaftliche Buchgesellschaft, Darmstadt 1968.

Personennamenregister

Sachwortregister

Danksagungen

Die Herausgeber sind folgenden Persönlichkeiten und Institutionen zu Dank verpflichtet: David L. Hicks, Associate Professor of History, Universität New York; Bruno Molajoli, Direttore Generale delle Antichità e Belle Arti, Ministero della Publica Istruzione, Rom; Ugo Procacci, Sopritendente delle Gallerie, Florenz; Luciano Berti, Direttore del Museo Nazionale, Florenz; Luisa Becherucci, Direttrice della Galleria degli Uffizi, Florenz; Irma Merolle-Tondi, Direttrice della Biblioteca Mediceo-Laurenziana, Florenz; Piero Aranguren, Direttore del Museo Storico, Florenz; Sergio Camerani, Direttore dell'Archivio dello Stato, Florenz; Mario Ristori, Archivio dello Stato, Florenz; Rodolfo Francioni, Direttore del Museo dell'Opera del Duomo, Florenz; Rolf Rapp-Nives Poli, Complesso Fiorentino di Musica Antica, Florenz; Silio Sensi, Soprintendenza alle Gallerie, Florenz; Mario Bernocchi, Prato; Alessandro Prosdicini, Direttore del Museo Civico, Padua; Eugenio Premuda und Guiseppe Ungaro, Istituto Storia Medicina, Universität Padua; Deoclecio Redig de Campos, Musei Vaticani, Rom, Vatikan; Ugo Bianchi, Archivio Fotografico Vaticano, Rom, Vatikan; Giovanni Antonelli, Archivio dello Stato, Palazzo Viminale, Rom; Italo Faldi, Direttore della Galleria Doria-Pamphili, Rom; Angelo Monteverdi, Presidente dell'Accademia dei Lincei, Rom; General Arnaldo Forgiero und Oberst Eugenio Panasci, Castel Sant' Angelo, Rom; Francesco Valcanover, Direttore dell'Accademia di Belle Arti, Venedig; Giovanni Mariacher, Direttore del Museo Correr, Venedig; Giuseppe Marchini, Soprintendente delle Gallerie delle Marche, Urbino; Filippa Maria Aliberti, Soprintendenza alle Gallerie delle Marche, Urbino; Accademia di Belle Arti, Ravenna; Savino Melone, Direttore del Museo Nazionale delle Scienze e delle Technicologia, Mailand; Luigi Crema, Soprintendente ai Monumenti della Lombardia; Giovanni Paccagnini, Soprintendente delle Gallerie, Mantua; Gilberto Carra, Archivio di Stato, Mantua; Raffaello Causa, Direttore del Museo Capodimonte, Neapel; Galleria Luigi Bellini, Florenz; National Gallery, London; Department of Western Art, Ashmolean Museum, Oxford.

Bildquellennachweis

Der Angabe der Herkunft wird eine kurze Beschreibung der abgebildeten Werke hinzugefügt. Die Namen der Fotografen stehen in Klammern.

Umschlagvorderseite: Bibliothèque Nationale, Paris. Seite 7: *Illustration aus dem Liber divinorum operum, Visionen der Hlg. Hildegard von Bingen, deutsch, frühes 13. Jh., Biblioteca Governativa, Lucca (Emmett Bright).* 8: *«Majestas Domini», Illumination aus dem Godescalc-Evangeliar Karls des Großen, ca. 781, Bibliothèque Nationale, Paris, Publications Filmées d'Art et d'Histoire.* 11: *Dänischer Grabstein, Jelling, 10. Jh., National Museum, Kopenhagen.* 14, 17, 18, 19, 20, 21: *Illustrationen aus Hours of the Virgin, Flandern, ca. 1515, Piermont Morgan Library, New York (Hans R. Lippmann).* 23: *Bronzesiegel des Raimon de Mondragon, provenzalisch, 12. Jh., Cabinet des Médailles, Bibliothèque Nationale, Paris (Ina Brady).* 18: *Bronzestatuette Karls des Großen, 9. Jh., Louvre, Paris (Giraudon).* 26: *Bronzener Zehntkessel, 13. Jh., Cluny Museum, Paris (E. Van der Veen).* 30: *Essener Madonna, Reliquienstatue, Gold über hölzernem Kern, 10. Jh., Essen, Münster (Gjon Mili).* 34: *Zeichnung von Victor und Maria Lazzaro nach einem Plan des 9. Jh., Sankt Gallen, Klosterbibliothek.* 37: *Elfenbeintafel, westdeutsch oder lothringisch, 10. Jh., Kunsthistorisches Museum, Wien.* 38, 41, 42, 45, 46/47: *Lichtbilder von David Lees.* 48: *Pyxis, Kupfer vergoldet und emailliert, Limoges, 13. Jh., National Gallery of Art, Washington.* 49: *Krummstab, Kupfer vergoldet und emailliert, 13. Jh., Schatz der Kathedrale zu Lyon (Luc Joubert).* 51: *Lichtbild von David Lees.* 54: *Grabstein, Nordostfrankreich, ca. 1163, Kapelle des Klosters der Grauen Brüder, Nancy (Robert Mottar).* 57: *Illustration aus Les Estoires d'Outremer, von William of Tyre, 13. Jh., Bibliothèque Nationale, Paris.* 58/59: *Brief der Bischöfe des Heiligen Landes an König Philipp Augustus von Frankreich, Pergament, 1220, Musée de l'Histoire de France, Paris, aus Dans les Pas des Croisés, Librairie Hachette, Paris (Cliché Frederique Duran).* 60/61: *Illustration aus dem Luttrell Psalter, ca. 1340, British Museum, London.* 62: *Illustration aus Chanconnier de Montpellier, 13.–14. Jh., Bibliothèque de la Faculté de Médecine, Montpellier (Robert Mottar).* 63: *Illustration aus der Manesse Liederhandschrift, 14. Jh., Universitätsbibliothek Heidelberg (Robert Lackenbach, Black Star).* 65: *Illustration aus einem Manuskript ohne Titel, 14. Jh., Bibliothèque Nationale, Paris.* 66/67: *Illustration aus Le Roman de Troie, von Benoit de Sainte-Maure, 14. Jh., Bibliothèque Nationale, Paris.* 70/71: *Illustration aus Leben und Wundertaten des Hl. Ludwig von Guillaume de Saint-Pathus, 14. Jh., Bibliothèque Nationale, Paris.* 72/73: *Illustration aus Croniques de France, 14. Jh., British Museum, London.* 77: *Detail aus der Guten Regierung des Ambrogio Lorenzetti, Fresko, 14. Jh., Palazzo Pubblico, Siena (David Lees).* 79: *Illustration aus Caesar's Commentaries, Buch IV, 15. Jh., Bodleian Library, Oxford.* 80/81: *Karte von David Greenspan.* 82/83: *Illustration aus Pontifical de Sens, 14. Jh., Bibliothèque Nationale, Paris.* 84: *Illustration, dem Mönch von Hyères zugeschrieben, Genua, 14. Jh., British Museum, London.* 87: *Illustration aus dem Statuenbuch des Notariatskollegiums der Stadt Perugia, 14. Jh., Biblioteca Augusta, Perugia (Emmet Bright).* 88/89: *Illustration aus Froissarts Chroniken, Frankreich, 15. Jh., British Museum, London.* 91: *Illustration aus Des Proprietez des Choses, von Jean du Ries, Brügge, British Museum, London.* 92/93: *Illustration aus Sir John Mandevilles Book of Travels, Lüttich, 15. Jh., British Museum, London.* 94: *Illustration aus Des Propietez des Choses, von Jean du Ries, Brügge, British Museum, London.* 98: *Lichtbild von Gjon Mili.* 103: *Siegel der Universität Paris, Silber und Eisen, 13. Jh., Cabinet des Médailles, Bibliothèque Nationale, Paris.* 104/105: *Lichtbild von Gjon Mili.* 107: *Illustration aus Manafi al-Hayawan, von Ibn Bakhtishu, 13. Jh., The Pierpont Morgan Library, New York.* 108: *Zeichnung von Matthew Paris aus dem Liber Experimentarius von Bernardus Silvestris, 13. Jh., The Bodleian Library, Oxford.* 111: *Rückseite eines Elfenbeinspiegels, 14. Jh., Cluny Museum, Paris, Cultural History Research, Inc.* 112/113: *Illustration aus dem Roman de la Rose, Flandern, 15. Jh., British Museum, London (Frank Scherschel).* 114/115: *Die Dame mit dem Einhorn, Tapisserie mit der Darstellung des Gefühlssinnes, 1500–1510, Cluny Museum, Paris (Robert Mottar).* 119: *Lichtbild von Gjon Mili.* 120: *Zeichnung aus dem Album des Villard de Honnecourt, 13. Jh., Bibliothèque Nationale, Paris.* 124: *Music Book Associates.* 125: *Illustration aus einem «Missale» zum Gebrauch in Paris, ca. 1380, The Walters Art Gallery, Baltimore.* 126, 127, 128, 129: *Zeichnungen von Victor und Maria Lazzaro.* 130, 133, 134, 137: *Lichtbilder von Gjon Mili.* 140: Lichtbild von Gjon Mili. 142/143: *Karte von David Greenspan.* 145: *Rüstung für Pferd und Reiter, italienisch, 15. Jh., The Metropolitan Museum of Art, New York, Rogers Fund, 1904 (Jon Naar).* 146/147: *Details des Teppichs von Bayeux, 11. Jh., Bayeux, Kathedrale, aus The Bayeux Tapestry, von Sir Frank Stenton, Phaidon Press, Ltd., London (Percy Hennell).* 149: *Pilgerzeichen des Thomas a Becket, Zinn, 14.–15. Jh., mit Genehmigung der Trustees of the London Museum (Heinz Zinram).* 151: *Tafel der Blutsverwandtschaft aus dem Decretum Gratiani, Salzburg, 12. Jh., Bayrische Staatsbibliothek, München.* 157: *Illustration, dem Mönch von Hyères zugeschrieben, Genua, 14. Jh., British Museum, London.* 158: *Zifferblatt, Kathedrale von Wells, England (Derek Bayes).* 159: *Mechanismus der Uhr der Kathedrale von Wells, The Science Museum, London.* 160: *Illustration aus Miroir Historial von Vincent de Beauvais, 14. Jh., Bibliothèque de l'Arsenal, Paris.* 162: *Hl. Franziskus von Cimabue, Fresko, San Frencesco, Assisi (Marzari)).* 164: *Lichtbild von Gjon Mili.* 169: *Straße in Sermonetta, Italien (Emmet Bright).* 171: *Illustration aus «La peste à Tournay» aus den Annalen des Gilles le Muisit, 14. Jh., Bibliothèque Royale, Brüssel.* 172: *Lichtbild von Gjon Mili.* 175, 176/177: *Steinreliefs von Gislebertus, St. Lazarus Kathedrale, Autun, 12. Jh. (Dmitri Kessel).* 179: *Skizze der Jeanne d'Arc von Clement de Fauquembergue am Rande des offiziellen Berichtes über die Belagerung Orléans, Tinte auf Pergament, 1429, Archives Nationales, Paris. Cultural History Research, Inc.* 180/181: *Lichtbild von Gjon Mili.*

Die farbigen LIFE Bildsachbücher

Brillante Bilder – leicht verständlicher Text – fesselnde Darstellung
Diese neuartigen Taschenbücher informieren über die großen Kulturen dieser Erde, ihre Geschichte und ihre Bedeutung. Jeder Band ist mit zahlreichen farbigen Fotos und Reproduktionen ausgestattet.

Die Reisen der Entdecker [21]
Die Erforschung fremder Länder und Kulturen. Einführung: Prof. Dr. Fritz Fischer, Professor für mittlere und neuere Geschichte an der Universität Hamburg

Mesopotamien [22]
Frühe Staaten an Euphrat und Tigris. Einführung: Prof. Dr. Wolfgang Helck, Universität Hamburg

Ägypten [23]
Die Pharaonenreiche. Einführung: Prof. Dr. Wolfgang Helck, Universität Hamburg

Indien [24]
Reiche zwischen Indus und Ganges. Einführung: Percival Spear, Mitglied des Selwyn College, Dozent an der Universität Cambridge

China [25]
Das Reich der Mitte. Einführung: Prof. Dr. Wolfgang Franke, Seminar für Sprache und Kultur Chinas der Universität Hamburg

Japan [26]
Das Reich der Aufgehenden Sonne. Einführung: Prof. Dr. Oscar Benl, Seminar für Sprache und Kultur Japans der Universität Hamburg

Amerika [27]
Die indianischen Imperien. Einführung: Dr. Günter Zimmermann, Professor für Altamerikanische Sprachen an der Universität Hamburg

Afrika [28]
Stämme, Staaten, Königreiche. Einführung: Rolf Italiaander

Islam [29]
Die mohammedanische Staatenwelt. Einführung: Philip K. Hitti, Professor für semitische Literatur an der Universität Princeton (New Jersey, USA)

Byzanz [30]
Kaisertum zwischen Europa und Asien. Einführung: Prof. Dr. Franz Dölger †, Universität München

Griechenland [31]
Von Homer bis zum Hellenismus. Einführung: Prof. Dr. Wolfgang Schadewaldt, Universität Tübingen

Römisches Reich [32]
Das lateinische Jahrtausend. Einführung: Prof. Dr. Otto Seel, Universität Erlangen

Mönche, Krieger, Lehensmänner [33]
Spätantike und frühes Mittelalter. Einführung: Prof. Dr. Albrecht Timm, Historisches Institut der Ruhr-Universität Bochum

Kaiser, Ritter und Scholaren [34 – Febr. 1973]
Hohes und spätes Mittelalter. Einführung: Robert S. Lopez, Direktor des Instituts für mittelalterliche Forschungen, Yale University

Fürsten, Künstler, Humanisten [35 – April 1973]
Renaissance: Anbruch der Neuzeit. Einführung: Prof. Dr. Christian Adolf Isermeyer, Universität Hamburg

674/6